이 또한 갓생

갓생

영어 'God'과 한자 '生'의 합성어로
'하루하루 최선을 다해 열심히 사는 일상'을 뜻함

내 일로도 바쁜데
90년대생이 왔다가
MZ세대도 왔다가
또 다른 세대가 자꾸 와서
너무 바쁜 '대한민국 직짱인'을 위하여

가장 '갓생'스러운 브랜드와 상품을 만드는
청년들의 열정 스토리

20년 넘게 광고쟁이와 마케터로 살아온 인생이다. 늘 신선한 아이디어를 위해 치열하게 고민하는 삶이 익숙했던 내게도, 2021년 '갓생기획' 프로젝트는 신선한 아이디어를 넘어, 대기업 시스템에서는 가히 파격적이라 할 정도로 용감한 시도였다.

요즘 청년들의 정서와 공감대 속에서 이른바 '갓생 살기'라는 키워드를 발견한 점. 가장 갓생스러운(사실은 'GS' 브랜드를 연상케 하는 'God Saeng : 갓생'이라는 네이밍 또한 전략적으로 적용했던) 상품을 갓생 살아가는 MZ세대 구성원들이 직무 구분

4

없이 함께 기획한 점. 그리고 이를 재기 발랄한 마케팅과 디자인 경험으로 고객들에게 전달하는 일련의 과정까지.

　나를 비롯해 꼰대가 될 확률이 다소 높은 X세대 이상의 상사들은 배제한 채, 말 그대로 MZ세대들이 같은 또래들을 위해 스스로 만들어낸 청년 문화 브랜드 이야기는 이 책으로 다 담아내기 어려울 정도로 혁신적이다.

　노티드나 다운타우너 같은 '요즘 가장 힙하고 트렌디한 브랜드'들을 갓생러(갓생+er: 갓생 사는 사람을 뜻함)의 관점으로 재해석해 GS25만의 '갓생기획' F&B 상품들로 만들고, 갓생스럽고 소소한 즐거움의 미학을 구현한 키덜트 토이까지 출시했다. 또한 요즘 세대들의 공통된 정서를 반영해 그들의 자화상 같은 '김네넵' 사원과 그의 반려 여우 캐릭터 '무무씨'와 함께 고유의 브랜드 세계관을 창조해, 갓생기획이라는 브랜드의 차별화된 스토리로 많은 고객들과 소통할 수 있었다. 이처럼 지난 2년간의 치열했던 열정의 기록을 이 책을 통해 많은 분들과 나눌 수 있게 되어 기쁘고, 이렇게 책이라는 매개체로 갓생기획의 브랜드가 독자 여러분들을 통해 다시 태어나는 것 같아 재미있다.

업계 최초로 유튜브 100만 구독자를 돌파해 GS25에 골드 버튼을 가져다준 '2리5너라' 채널에서 시즌 1, 2로 방영된 갓생기획 콘텐츠나 업계 최초로 진행된 브랜드 팝업 스토어 '갓생기획실 성수' 및 갓생 사는 청년 소상공인과 디자이너들이 컬래버한 전시 이벤트 '갓생기획실@DDP', 최근 MZ세대뿐만 아니라 소위 알파세대까지 아울러 가장 갓생스러운 상품, 디자인, 콘텐츠를 발굴하기 위해 개최한 '천하제일 갓생대회' 공모전까지.

갓생기획만큼이나 혁신적인 마케팅 행보를 지속하고 있는 GS25만의 핵심 고객 가치인 '재미'의 철학을 가장 잘 보여준 사례들이다. 또한, 모든 갓생기획의 브랜딩 전략과 상품으로 연결되는 통합 캠페인은 GS25가 기존의 편의점을 넘어 '재미있는 라이프스타일 플랫폼'을 지향하고 있다는 사실을 보여줬다. 이 모든 것은 갓생기획이라는 브랜드로 고객의 라이프스타일 속에 함께해 온 많은 상품들과 함께 우리 멤버들의 멋진 경험이자 기록으로 계속 남을 것이다.

사실은 이 갓생기획의 여정을 시작할 수 있게 해주신 선배 경영진분들의 남다른 선구안과 더불어 지속 가능한 브랜드로서 육성할 수 있게 지원해주신 많은 임원, 리더분들과 함께, 일부러 한 발짝 떨어져서 가이드해주고 응원해줘야 하는 사람들 중 한 명으로서 갓생기획 멤버들이 중도에 지치고 포기할까 봐 때로는 불안하기도 했다. 야심 차게 추진했지만 아쉽게도 성공적인 고객 반응이나 성과로 계속 이어지지 못한 경우도 있었으며, 브랜딩이나 마케팅, 상품 전개 등에 대해 사업적인 관점에서 회의적인 시각이나 비판도 감내해야 하는 상황도 많았다. 하지만 이 모든 것 또한 여전히 의미 있는 갓생기획 프로젝트의 과정들이기에 앞으로의 더 큰 가능성과 희망을 보고 싶다. 그리고 무엇보다 갓생기획이 GS25를 'MZ세대가 가장 사랑하는 브랜드'로 만들어줄 새로운 변화의 동력이 되어줄 것이라 믿는다.

2023년, 어느 갓생스러운 날에
GS25와 갓생기획 브랜드를 사랑하는
GS리테일 플랫폼마케팅부문장 이정표

차례

프롤로그 4

1장 | **MZ에게 주도권을, 갓생기획의 탄생**

01 MZ세대와 대면하기 12
02 하는 김에 재미있는, 여기는 갓생기획 26
03 요즘 회의법 36
[부록] 아이디어 회의록 몰래 보기 44

2장 | **갓생 사는 MD의 모든 것**

01 유통의 꽃, MD 48
02 더 쉽게, 더 빠르게 56
03 갓생기획, '노티드 우유'로 첫 날개를 달다 66
04 살짝만 비틀어도 매출은 성공 대로 76
05 안 되면 되게 하라 84
06 발 빠르게 기획하는 MD만의 비법 94
[부록] 갓생기획 MD의 비밀 노트 몰래 보기 104

3장	브랜드의 힘, 세계관 구축하기	
	01 브랜드에 세계관 입히기	110
	02 김네넵과 무무씨의 탄생	120
	03 고객과 소통하기	138
	04 사내 수공업의 피, 땀, 눈물	146
	[부록] 기획자의 세계관 노트 몰래 보기	160

4장	팝업 스토어의 기쁨과 슬픔	
	01 팝업 스토어는 처음이라	166
	02 디테일, 디테일, 그리고 디테일	186
	03 팝업 스토어 운영하기	212
	[부록] Review : 갓생러의 일기장 몰래 보기	228

5장	어떻게 갓생을 살 것인가	
	01 선한 영향력 주기	234
	02 갓생기획의 내일	248
	[부록] 갓생기획 비밀 노트 몰래 보기	264

에필로그	268
감사의 말	271

1장

MZ에게 주도권을,
갓생기획의 탄생

01

MZ세대와
대면하기

MZ세대,
도대체 누구세요?

2021년 대한민국을 휩쓴 단어, MZ세대(범위가 지나치게 넓다는 의견이 있어 밀레니엄세대는 전기 밀레니엄[1981~1988], 후기 밀레니엄[1989~1995]으로 나누기도 한다)*. 10대 후반에서 30대 극후반까지 통칭하는 무적의 단어, MZ세대는 언론과 기업을 막론하고 이제는 너무 많이 소비돼 너덜너덜해져 버렸지만, 그 당시 가장 힙한 키워드였고, 여전히 집중되고 있는 세대다. 그도 그럴 것이 우리나라 전체 인구의 3분의 1을 차지할 정도로 두터운 층을 형성하며, 경제활동도 활발히 하다 보니 트렌드와 소비면에서 단연 두각을 드러내고 있다. 때문에 많은 기업은 뾰족하게 개성을 드러낸 MZ세대를 마케팅 대상 세대로 삼지 않을 수가 없었다.

* 출처: 대학내일 20대 연구소 https://www.20slab.org/archives/37747

GS리테일 또한 예외는 아니었다. 우리에게도 GS리테일의 대표 브랜드인 GS25의 메인 타깃으로 떠오른 MZ세대를 사로잡기 위한 미션이 떨어진 것이다. 주 단위로 신상품이 나오는 편의점이야말로 트렌드를 가장 빠르게 캐치해야 하는 유통 채널이기 때문이다.

모두가 MZ세대라는 신인류(?)에 대한 각종 자료를 서로 공유하고, 연구하기 시작했다. 어떤 날은 다양한 팀이 모여 MZ세대에 대해 심각하게 이야기도 해보고, 어떤 날은 각 팀 MZ세대들에게 직접 진중하게 의견을 물어보기도 했다. 그런 날들이 반복될수록 MZ세대에 대한 실마리는커녕 오히려 그들이 더 낯설게 느껴졌다. MZ세대, 그들은 도대체 누구란 말인가?

뫼비우스의 띠처럼 반복되는 날들이 연속됐다. 그날도 비슷한 주제들이 돌고 도는 회의가 마무리되고 있었다. 공사다망한 팀장님들은 자리를 뜨시고, MD, 디자이너, 카피라이터, 마케터 등 다양한 직군이 옹기종기 남아 MZ세대에 대해 이야기를 나누고 있었다. 뭐라도 생각해 내야 하기에 쉽사리 자리를 뜨지 못했다. 하지만 유난히 진전이 되지 않았다. 다들 장표에 이것저것 자료를 많이 붙여 왔지만 비슷한 이야기뿐이었다. 갈라파고스에 사는 멸종 위기 동물에 대해 이야기를 해도 이들보다는 가깝게 느껴질 것 같았다. 우리의 머릿속만큼 뚝뚝 끊기는 침묵과 옅은 한숨이 가득해지는 순간, 누군가가 입을 뗐다.

"매니저님은 몇 년생이세요?"

긴장된 분위기에 느슨함을 주는 아이스 브레이킹인가. 회의하다가 나온 말치고는 뜬금없는 질문이었지만, MZ세대를 다루는 이 회의에서는 그다지 뜬금없는 질문은 아니었다. 게다가 생각보다 다양한 팀이 모인 회의였기에 서로의 나이를 제대로 알 턱이 없었다. 그저 대충 MZ세대려니 했을 뿐.

"91년생이요."

"엠지네, 엠지. 저는 90. 매니저님은요?"

"전 94요!"

"우리 다 엠지네. 그런데 왜 이렇게 어렵죠?"

대한민국에서 최고의 아이스 브레이킹은 역시 나이 소개인가. 그 전까지는 딱딱한 회의였는데 서로의 나이를 알자 그때부터 분위기가 조금씩 풀리기 시작했다.

MZ세대에 지친 MZ세대들은 나이도 알아간 김에 가볍게 쉬는 시간을 갖기로 했다. 누군가는 퇴근하고 회사 근처 피자 맛집을 가기로 했고, 누군가는 이번 주말에 유명 도넛집 '노티드' 웨이팅에 도전하겠다고 했다. 얼떨결에 잡담을 시작하면서 회의실 예약 시간이 순식간에 지나갔다. 우리가 MZ세대 회의에서 이렇게 이야기를 많이 한 적이 있었나. 그토록 지루했던 회의인데 역시 수다만큼 시간이 잘 가는 게 없다. 간만에 만족스러운 표정으로 회의실을 나서는데 그것도 잠시였다. 회의록에 쓸 내용이 하나도 없었다. MZ세대를 겨냥한 대책 마련을 위해 모였는데 피자, 도넛, 웹툰 이야기를 더 많이 했다. 기껏 한 건 MZ세대 소개 장표 몇 장을 둘러본 것이 전부. 소위 말해 농땡이를 친 것이다.

"회의록에 붙일 자료 있으신 분?"

단체 메신저에 자료가 몇 개 오고 갔지만 회의록을 채우기에는 턱없이 부족한 분량이었다. 보고도 해야 하는데, 다시 회의를 하기에는 밀린 업무도 많고, 늦은 시간이었다. 다들 뭔가 메신저에 썼다 지웠다를 반복하고 있었다. 메신저의 갈 길 잃은 커서의 깜빡임들을 깨고 드디어 누군가가 말문을 열었다.

"그냥 오늘 말한 거 다 쓰는 건 어때요?"

6개월의 회사, 갓생기획

뜬금없는 이야기였다. 보고용 회의록에 잡담 기록이라니? 유난히 MZ세대 회의를 힘들어하더니 기어코 탈출을 꿈꾸는 걸까. 그러면 '역시 요즘 것들은 끈기가 없어'의 '요즘 것들'이 되는 것인가. 하지만 MZ세대가 MZ세대에 대한 회의에 지쳐 그만두는 건 너무 슬픈 일이다. 단체 메신저 회의 대화창이 물음표로 가득찼다.

> 우리가 MZ세대인데 MZ세대 연구를 하는 건 너무 뭐랄까, 연애를 글로 배우는 사람들 같잖아요? 그냥 우리가 좋아하는 게 MZ세대 타깃 아닐까요?

우문현답이었다. MZ세대를 사로잡으려면 'MZ세대가 좋아하는 건 뭘까?'라고 대뜸 묻는 게 아니라, '나는, 내 친구들은 요즘 뭘 좋아할까?'라고 제일 먼저 물어야 했다. 이렇게 가까운 데 정답이 널리고 널렸는데 너무 학구적으로 접근해서 어렵게 느낀 것이다. MZ세대의 특징에 대해 잔뜩 나열해둔 연구 장표를 멀뚱히 보고 진중한 표정으로 토론할 게 아니라, 당장 퇴근 후, 이번 주말에 내 친구들이 무엇을 먹고, 어디를 가는지가 진짜 살아 있는 자료라는 걸 왜 몰랐을까?

회의록은 접어두고 다음 날 한 번 더 모이기로 했다. 대신 각자 친구들의 SNS를 더 면밀히 염탐하고 오자는 은밀한 약속과 함께.

'이거 정말 될까?' 하는 생각에 쭈뼛쭈뼛 진행한 회의는 탕비실에서 이뤄진 가장 짧은 회의였다. 회의록 중간 보고 대신 아예 다른 방식으로 제안해 보자고 의견을 모았다. 각종 자료로 가득한 ppt 장표는 이제 그만 늘리고, 최대한 간결하게 다시 시작하기로 했다. 그러니까 MZ세대 연구는 여기서 종료하고, 딱 6개월간 '우리끼리' 우리가 원하는 상품을 우리가 직접 기획하고 출시하자는 것이 핵심이다.

상품이 되기까지는 정말 많은 시간과 인력, 그리고 기나긴 보고 과정이 필요한데, 이것을 과감히 생략하겠다는 것이다. 태산 같은 보고가 업무의 상당량을 차지하는 대기업에서는 꽤나 파격적인 제안인 셈이다. 게다가 제아무리 작은 조직이라도, 공식적 리더 없이 돌아가는 조직이라니, 어찌 보면 파격을 넘어 도발에 가까웠다. 컨펌이 날까 싶었지만, 실무자 입장에서 더 이상의 MZ세대 연구는 우리에게 혼란만 줄 뿐 뭐라도 해보는 것이 좋았다. 새로운 업무 방식을 시도하려면 완전히 새로운 방식의 제안이 필요했기 때문이다. MZ세대 연구보다 더 MZ스러운!

자, 그럼 이제 우리를 뭐라고 설명하는 게 좋을까? 어엿한 직장인스럽게 'MZ세대 타깃 상품 협의체' 이런 네이밍이라고 생각하니 업무 하나가 제대로 추가된 느낌이랄까. 업무는 업무지만 최대한 업무스럽지 않은 그런, 화려하지만 심플한 느낌이면 좋을 것 같았다. 제아무리 6개월 프로젝트라 해도 이왕이면 우리만의 네이밍이 있으면 좋으니까.

누구보다 신중한 네이밍 아이데이션ideation(아이디어를 내는 활동)이 시작됐다. MZ를 한글 타자로 계속 치면 '크큭'이 되어서 '크큭기획', 맛있는 걸 좋아해서 '얌얌기획', 한국인의 대표 말버릇인 '아니, 근데, 진짜, 약간'을 활용해 만든 캐릭터가 메인인 '아니언즈' 등 수많은 네이밍 후보가 나왔다. 그중에 가장 많은 득표를 받은 '갓생기획'이 우리 프로젝트의 이름이 됐다.

'갓생'은 영어 'God'과 한자 '生'의 합성어로 '최선을 다해 열심히 사는 일상'을 뜻하는 신조어다. 코로나19로 무너진 일상을 되살리기 위해 '미라클 모닝', '오운완(오늘 운동 완료)' 등 자신만의 갓생 루틴을 만드는 것이 트렌드가 되면서 이 신조

갓생기획 시즌 1 로고
갓생기획이라는 이름에 부합하게
기획서 콘셉트로 개발됐다.

어도 뜨고 있었다. 무엇보다 냅다 열심히만 사는 게 아니라
'하루하루 최선을 다한다'는 점이 매력적이었다. 가볍게 시작
한 프로젝트였기에 '갓생'이라는 신조어를 네이밍에 넣었다.
이후 우리의 예상보다 갓생기획이 커져버렸지만 말이다.

　이왕 이렇게 된 거 우리끼리 가상 회사 느낌으로 해보자며
세계관도 뚝딱 만들었다. 가상 회사 '갓생기획'에서 편의점 인
생템을 개발하는 MZ세대 직원들. 여기서 일하는 가상 직원
'김네넵'도 만들었다. 직장인이라면 하루에 열 번도 넘게 외치
는 바로 그 단어, '네', '넵', '네넵'이다. '네'의 여러 가지 변형
중에서 사람의 이름과 잘 붙는 '네넵'을 택해 '김네넵'이라는

이름을 만들었다. 이것저것 설정하다 보니, 갓생기획은 매일 똑같이 돌아가는 업무에 소소한 재미를 주었다. 게다가 팀장님도, 보고도 없는 팀이라니, 이왕 하는 거 더 재미있게 할 수 있을 것 같았다.

갓생기획에는 별다른 보고 절차가 없지만, 현실은 그렇지 않다. 모든 프로젝트는 보고가 필요하고, 그 과정에서 많은 프로젝트들이 사라진다(전문 용어로는 '빠그러진다'라고 한다). 아이러니하지만, 우리 프로젝트를 올려서 가능성을 점쳐보려면, 아무리 무無보고 프로젝트라 하더라도 보고를 해야 했다.

신나게 세계관까지 기획했는데, 막상 보고를 하려니 이 세계관을 어떻게 쉽게 설명할 수 있을지가 고민이었다. 첫째로 우리가 이 프로젝트를 하는 명확한 목적이 필요했고, 둘째로 신조어 '갓생'의 의미부터 갓생기획 자체의 세계관을 설명해야 했다. 그리고 가장 중요한 건 '보고 과정을 대폭 줄인 프로젝트'에 대한 컨펌이 필요했다.

프로젝트의 목적은 분명했다. 편의점 업계 최초로 본격적인 MZ세대 타깃용 히트 상품 개발의 건. 세계관은 예시로 MBC 예능 프로그램 〈무한도전〉의 '무한상사' 이미지를 붙여갔다. 아직도 SNS상에서 명작으로 돌아다니는 덕에 우리에게도 익숙해 MZ세대와 X세대(혹은 베이비붐 세대)까지 어우

르는 훌륭한 레퍼런스가 됐다. 그 외에도 '김네넵'이라는 존재를 설명하기 위해 꽤 많은 준비를 했다. 슬프게도 우리 중엔 김네넵 같은 신입은 없었기에, 보고에서 약간의 빠릿빠릿하고 초롱초롱한 눈빛 연기도 필요했다.

좋은 설명을 하기 위해서는 초등학생도 이해할 수 있을 만큼 쉽게 이야기해야 한다. 어려운 용어를 쉽게 풀어서 이야기할 수 있는 능력이 진짜 능력인 것이다. 마찬가지로 좋은 보고는 모든 직급과 직군이 쉽게 이해할 수 있어야 한다. 그러니까 '갓생기획'이 좋은 보고가 되려면, MZ세대 타깃이라고 해서 요즘 트렌드와 용어를 장황하게 읊는 게 아니라, 윗세대도 충분히 이해할 수 있게 이야기해야 한다.

하지만 가장 중요한 첫 보고부터 고민이었다. '단축된 보고 단계'에 대해 팀장님들을 설득해야 한다. 생각대로 이루어지면 참으로 좋으련만, 이런 새로운 시도들은 단계를 뛰어넘을 때마다 꽤 많은 라운드가 있다. 1라운드, '누가', '어떻게' 설득할 것인가. 고만고만한 연차의 실무자들이 올망졸망 모여 있으니, '누가'는 그다지 중요한 문제는 아니었다. 중요한 것은 '어떻게' 설득할 것인가다.

기나긴 보고 과정을 대폭 단축한다는 것은 장점만 있을 것 같지만 그렇지만은 않다. 여기에는 생각보다 많은 의미가 있기 때문이다. 우선 팀장급 이상은 깜짝 놀라는 것을 원하시지 않는다. '내가 준비한 아이디어로 팀장님을 깜짝 놀라게 해드릴 거야'라는 생각에 서프라이즈 최종 보고를 꿈꾸고 있다면, 웬만해서는 시도하지 않는 것이 좋다. 보통의 팀장님들은 깜짝 놀라기보다는 마음의 준비를 한 채 차근차근 알아가고 싶어 하신다.

비슷한 맥락에서 보고가 중요한 또 다른 이유는, 업무에는 언제나 '책임'이 따르기 때문이다. 실무자가 아무리 책임감 있게 업무를 처리한다고 해도, 결국 일이 터졌을 때 실무자가 책임질 수 있는 것은 일부에 불과하다. 이런 책임을 서로 대비할 수 있는 게 보고다. 보고를 하면서 책임자와 실무자가 일종의 마음의 준비를 하는 것이다. 그래서 우리는 중간중간 보고를 활용해 '내가 이런 것을 하고 있다'라는 것을 알려드려야 한다. 그런데 이런 보고 과정을 대폭 줄인다고? 팀장 이상의 책임자 입장에서는 생각만 해도 마음이 두근거리는 일이 아닐 수 없다. 역시나 보고에 대한 이야기를 꺼내기 무섭게 장내가 술렁였다.

하지만 금세 잦아들고, 차근차근 문제가 해결되기 시작했다. 스피디한 트렌드와 자율권을 위해 보고 라인을 단축하는 것은 찬성, 그러나 상품의 진짜 기획(제작이 들어가기 직전의 단계)에서는 한 번쯤 보고를 해달라는 것이었다. 아이디어를 내는 단계에서 완전히 자율권을 확보한 것이다. 혹시 모를 대응에서는 팀장님을 호출하되, 상품 기획 프로세스에 능통한 MD가 상품 기획 아이디어 단계에서 자체적으로 방향성을 잡아 나가는 것으로 갈음했다. 순식간에 의견이 모여 첫 번째 단계가 해결됐다. '아, 이게 바로 짬에서 나오는 바이브인가.' 아무튼 1라운드는 생각보다 가볍게 통과했다.

이제 2라운드, 임원 보고다. 보고 없는 갓생기획치고는 보고가 많지만, 시작이 반이니까. 여기서부터 진짜라고 생각했는데 기우였다. 상무님 보고를 들어갔는데 오히려 금방 컨펌이 났다. '하는 김에 재미있게' 하라는 말씀과 함께. 아직 어설픈 프로젝트의 청사진이었지만 우리의 새로운 시도에 흥미를 가지시고 점수를 주신 것이다. '재미'라는 단어에 조금 당황했지만, 지난 회의들을 생각하면 꽤 재미있게 할 수 있을 것도 같았다.

다음 보고도, 그다음 보고도 마찬가지였다. 생각보다 일사천리로 끝나버렸다. 보고를 드릴 때마다, "그래, 재미있게 잘해봐!"라는 말만 하실 뿐이었다. 정말 우리의 프로젝트를 이해하신 건지 의문이 들었지만, 보고가 잘 끝나서 기쁠 뿐이었다. 지금 생각해 보면, 탄탄한 프로세스를 오랫동안 경험하신 입장에서 '새로운 시도'를 한다는 것 자체를 응원해주신 것 같다. 이게 뭐가 새롭지 싶을 수 있지만, 다양한 연령대가 있고, 보고 절차가 상당한 대기업에서는 신선한 도전이었다.

02

하는 김에 재미있는,
여기는 갓생기획

무슨 이야기를 하든 박수 쳐 드립니다
다섯 가지만 지켜주세요

'하는 김에 재미있게' 하는 공식 첫 회의가 시작됐다. MD, 디자이너, 카피라이터, 마케터, PR까지 다양한 직군의 MZ세대 20명으로 구성됐다. 이제는 보고도 모두 마쳤고, 느슨한 회사 생활에 긴장감을 주는 프로젝트가 드디어 시작된 것이다. 가상 회사 콘셉트지만, 사실은 정말 존재하는 '회사 속 작은 회사'가 된 셈이다. 콘셉트에 충실해야 하기 때문에 팀장님은 계시지 않았다. 대신 물가에 내놓은 아이를 보는 마음으로 저 멀리서 지켜보기로 하셨다.

팀장님이 계시지 않으면 좋을 것 같았다. 왠지 모르게 더 자유로울 것 같아 우리 마음대로 될 것만 같았다. 하지만 생각보다 현실은 호락호락하지 않았다. 막상 하겠다고 했는데 어떤 것부터 해야 할지 난감했다. 일단 다양한 직군이 한자리에 모인 것도 드문 일이니 우리 모두 하나의 팀이라고, 아니 갓생기획에 정말 입사했다고 과몰입하고 시작해보기로 했다.

갓생기획의 핵심은 MZ세대가 좋아하는 상품을 MZ세대인 우리가 직접 기획하는 것이다. 물론 편의점은 언제나 고객이 좋아하는 상품을 기획하는 데 힘을 써왔다. 하지만 갓생기획은 요즘 유행하는 상품을 최대한 빠르게 잡아서 기획한다는 차별점이 있다. 이런저런 보고와 현실적인 사항을 따지다 보면 이미 유행이 지나거나, 아예 출시하지 못하는 경우도 있다. 때문에 이 과정을 확 줄이고 상품의 타깃과 일치하는 세대에게 자율권을 준 것이 포인트다. 이러한 이유로 갓생기획에서 가장 중요시 되는 것은 아이디어와 속도다. 이런 가치에 중점을 두고 회사 규칙 다섯 가지를 만들어보았다.

규칙 1, 세상에 부끄러운 아이디어는 없다

부서에 따라 다르겠지만, 회사를 다니면 생각보다 아이디어를 내야 할 일이 많다. 아이디어라고 하면 뭔가 거창해보이지만, 가장 만족스러운 회식 메뉴를 정하는 법부터 휴가 일정을 가장 효율적으로 공유하는 법까지 모든 일을 개선하거나 시작하려면 아이디어가 필요하다. 하지만 아이디어를 낼 때

K-직장인의 공통적인 특징이 있다. '조심스러움'. K-직장인은 거절이 두렵다. 거절에 당당한 사람이 얼마나 되겠냐만은 애석하게도 이 특징은 한국 직장인만의 특징이라기보다는 평가 중심의 대한민국 교육 과정을 착실히 밟아온 이들의 특징이기도 하다.

그래서 K-직장인은 아이디어 내는 것이 무섭다. 처음에는 그럴싸해 보여도, 막상 사람들 앞에서 이야기한다고 생각하면 머리가 복잡해져 슬그머니 아이디어를 자체 탈락시킨다. 이 과정이 반복되면 결국엔 아이디어를 내지 않는 사람, 정말 필요할 때 아이디어를 내려고 해도 낼 수 없는 사람이 돼버린다. '아이디어를 낸다'는 것은 그야말로 아이디어일 뿐이다.

아이디어는 새싹 같아서 발전이 가능하다. 모든 사람들에게 예쁜 구석이 하나씩은 있듯이, 아이디어도 좋은 구석이 하나씩은 있다. 그게 아주 작은 포인트라도 좋은 구석을 찾았다면 그 부분을 더 크게, 혹은 그 부분만 뽑아서 발전시키면 된다. 회사에서 하루에도 얼마나 많은 아이디어 새싹들이 모종의 시그널(이를 테면 상사의 찌푸린 표정이나 늘어지는 하품)로 인해 잘려 나가는가. 적어도 우리끼리는 이런 비극이 일어나지 않도록 가장 첫 번째 규칙으로 정했다. 세상에 부끄러운 아이디어는 없다. 모든 아이디어는 존중받아 마땅하다. 정말 아무리 눈 씻고 봐도 좋은 구석이 없는 아이디어라 해도 그 아이디어를 경청하고 존중해주면, 그 사람이 또 다른 아이디어를 낼 수 있는 자양분이 된다.

규칙 2, 아이디어의 현실 가능성을 먼저 따지지 않는다

첫 번째 규칙과 궤를 같이 하는 이야기다. 여기 네넵이가 낸 좋은 아이디어가 있다. 완벽하지는 않아도 조금만 숙성시키면 멋진 아이디어가 될 것 같다. 하지만 이 숙성 과정을 참지 못하고 노놉이가 말한다. "이게 가능해요? 비용도 부족하고, 현실적으로 제조 공정 문제도 있는데…" 생각해 보면 하나하나 맞는 말이다. 하지만 네넵이는 당분간 아이디어를 내지 않기로 한다. 자체적으로 아이디어의 현실 가능성을 따져보면 모두 걸러져 살아 남은 아이디어가 없기 때문이다.

물론 아이디어를 실현시키려면 현실 가능성을 무시할 수 없다. 하지만 갓생기획에서 아이디어를 이야기할 때 현실 가능성은 잠깐 보류하기로 했다. 좋은 아이디어라면 요리조리 발전시켜보고 최종 아이디어 단계(상품 기획 전 단계)에서 현실 가능성을 따져 보아도 충분하다. 우선 많이 이야기하면서 다양한 아이디어를 내고, 아이디어와 아이디어를 접목시켜보는 것이 중요하다.

규칙 3, 아이디어 회의 때는 별도의 장표는 만들지 않는다

갓생기획은 사실상 업무 외의 또 다른 업무다. 별도의 TFT Task Force Team 개념으로 발령이 난 것이 아니라 그야말로 별도 업무, 사내 부업(?) 같은 프로젝트인 셈이다. 갓생기획에서도 모두 본업의 역할 이상을 하고 있지만, 어떻게 보면 커다란 일이 하나 더 늘어난 셈이다. 다행히도 팀장님들이 많은 부분을 배려해 주셨지만, 회사에서 본업+1의 업무를 한다는 것은 큰 부담이다. 제아무리 자유로운 갓생기획이라 할지라도!

그래서 우리는 과감하게 장표를 없앴다. 왠지 모르지만 장표의 힘은 대단해서 파워포인트나 워드 파일을 여는 순간 그것은 우리에게 일이 된다. 아이디어 회의는 회사 내 공기 좋은 곳에서 가볍게 이야기하거나, 바쁠 때는 사내 메신저를 이용하기로 했다. 초반에는 장표가 필요하지 않을까 했는데, 갓생기획 상품 아이디어 회의에서는 장표가 필요 없었다(물론

본격적인 상품 기획 단계로 넘어가면 각자의 본업으로도 자연스럽게
넘어가기 때문에 장표가 필요하다).

규칙 4, 재미있는 콘텐츠를 발견하면 공유한다

아이디어는 언제 어디에서 나올지 모른다. 편의점 신상품
을 기획한다고 하면 주로 음식 콘텐츠를 많이 볼 것 같은데,
온오프라인을 막론하고 다양한 채널에서 영감을 얻는다. 그
결과, 의외의 아이템이 우리에게로 와서 젤리가 되고, 때로는
과자가 되기도 한다. 그래서 우리는 재미있는 것이 있으면 일
단 공유하기로 했다.

SNS, 유튜브에서 본 재미있는 콘텐츠를 모두에게 공유하는
데에는 중요한 목적 두 가지가 있다. 첫 번째는 누군가가 그
콘텐츠에서 새로운 아이디어를 얻을 수 있다는 가능성이고,
두 번째는 현재 트렌드에 대한 공감대를 주기적으로 형성하
기 위해서다. MZ세대로 구성됐지만, 우리 모두가 트렌드에
능한 것은 아니다. 특정 분야의 트렌드에는 민감하지만, 다른
분야에는 문외한일 수도 있다. 그래서 전반적인 트렌드 공감
대를 형성해 아이디어를 이끄는 것은 여러모로 효과적이다.

예를 들어 특정 트렌드에서 단초를 얻어 아이디어를 이야기할 때, 오직 그 아이디어만 이야기할 수 있는 분위기를 조성할 수 있다. 회사에서 서로 다른 직군이 모여 아이디어를 이야기할 때, 대부분의 시간을 배경지식 설명하는 데 사용하는 경우가 많다.

하지만 서로 트렌드 공감대를 이미 형성한 갓생기획은 트렌드 자체가 '암묵지(암묵적인 지식)'가 되어 효율적으로 회의를 진행할 수 있다. 이런 콘텐츠를 공유할 때는 단체 메신저를 쓰기로 했다. 메신저를 선택한 이유는 우선 가장 간편하고, 요즘은 트렌드가 굉장히 빨리 변하기 때문에 메신저로 그때그때 툭 던지는 것이 효율적이라 판단했다. 적극적인 공유는 환영, 정리는 금물이다.

규칙 5, 아이디어는 회사 밖에. 노는 것을 게을리 하지 말자

갓생기획 멤버들은 매주 금요일마다 자유롭게 시장 조사를 나간다. 우리끼리 새로 도입한 제도라기보다는 요즘 아이템 발굴이 중요한 MD는 이전부터 그렇게 해왔기에 갓생기획에도 적용하기로 했다(좋은 제도는 빠르게 반영해보는 게 갓생기획의 매력). SNS와 유튜브 등에서 본 자료도 값지지만, 가장 소중한 영감은 회사 밖에서 나온다. SNS에서 봤던 맛집이 실제로도 사람이 많은지, 그렇다면 현장에서는 어떤 메뉴가 가장 인기가 있고, 사람들은 어떤 맛 때문에 그 메뉴를 좋아하는지, 귀 기울여 들으면 가치 있는 이야기들이 가득하다. 책상 앞에서는 얻을 수 없는 알짜배기 정보인 셈이다. 인풋이 많아야 가치 있는 아웃풋이 나오기에, 이리저리 부지런히 다니고 또 다니기로 했다.

갓생기획의 규칙까지 만들고 나니 제법 근사한 회사가 된 것 같았다. 비록 작고 귀여운 가상 회사지만 서로 다른 직군 20명이 모두 한자리에 모이기는 너무나도 힘들기에 그룹을 지어 한 주에 한 번씩 자유롭게 만나기로 했다. 물론 장소도 시간도 자유다. 너무 바쁜 날은 메신저로 이야기하는 것도 허용했다. 거절당할 부담도 줄어들고, 또래들과 함께하는 메신저라고 생각하니 팀 메신저와는 다르게 이것저것 주고받으며 왁자지껄한 메신저가 됐다. 어떻게 보면, 하루 종일 밈meme을 퍼나르며 깔깔거리는 친구들 단톡방 같기도 했다. 회사에서 합법적으로 SNS와 유튜브를 보고, 요즘 가장 멋지고 맛난 장소를 돌아다닐 수 있다니. 처음엔 막막한 마음에 걱정이었지만, 점점 재미가 붙었다.

그럼에도 불구하고 모든 회의가 순탄했던 건 아니다. 모든 시작에는 시행착오가 있기 마련이다. 아이디어 회의는 주로 온라인으로 짧게 진행했는데, 초반엔 생각보다 더 삐걱거렸다. 갓생기획 프로젝트 자체가 서로 다른 직무의 사람들이 모인 '자율적인 조직'이다 보니, 각자 본업에 치여 불가피하게 후순위가 된 것이다. 본업도 산더미인데, 사이드 프로젝트까지 하는 셈이니 문제가 발생할 수밖에. 아이러니하게도 이때 가장 큰 도움이 됐던 건 X세대 팀장님들이었다. 불협화음이 있을 때마다 이 또한 중요한 본업이라고 상기시켜주신 덕분에 약간의 기분 좋은 긴장감(?)이 생겼다. 이런 과정을 반복하자 자연스럽게 갓생기획의 자유로운 문화도 제대로 자리 잡혔다. 짬에서 나오는 X세대의 바이브와 MZ세대의 새로운 업무 방식이 시너지를 낸 것이다.

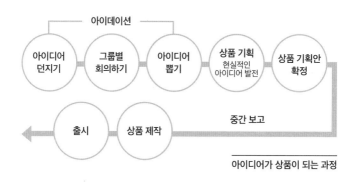

아이디어가 상품이 되는 과정

03

요즘
회의법

꼬리에 꼬리를 무는 회의가 물고 오는
반짝이는 아이템

"여기 가보셨어요? 여기 가면 떡 사리 추가하는 게 국룰인 거 아시죠."

"이거 보셨어요? 이 작가 요즘 엄청 인기잖아요. 대충 그리는 거 같은데 너무 귀엽네요."

회의는 대체로 30분 내외, 길어지면 1시간까지도 진행된다. 메신저에서 오갔던 콘텐츠 중에 인상 깊었던 부분이나, 주말에 간 맛집을 이야기한다. MZ세대 타깃 상품이 따로 있는 게 아니라, 바로 우리가 좋다고 생각하는 것이 MZ세대 타깃 그 자체니까, 사실 그냥 수다와 다를 바가 없다. 하지만 정기적으로 이 회의를 하면서 '그냥 수다'와는 다른 차이점을 느꼈다. 바로 '꼬리에 꼬리를 무는 대화'.

대화 속 작은 인사이트

당시 막 떠오르는 인스타그램 작가 '최고심'에 대한 이야기가 나왔다. 최고심 작가는 그림판으로 대충 그린 듯한 그림체와 발랄한 드립으로 엄청난 인기를 끌고 있었다. 최고심 작가 역시 본격적으로 소개한 것이 아니라, 누군가 메신저에서 일하기 싫다는 최고심 작가의 이미지를 보냈고, 회의 때 함께 최고심 작가의 그림에 대해 이야기를 했다.

"최고심 작가 아시죠. 저 이모티콘도 샀어요."

"귀엽던데요, 저 사실 잘 몰랐는데 매니저님 이모티콘
보고 팔로우했잖아요."

"그림에 멘트도 다 주옥같아서 인기 엄청 많더라고요."

"그래서 젤리나 과자같이 발랄한 상품에 넣어도 잘 어
울릴 것 같았어요."

"오, 좋은데요? 젤리에 최고심스러운 멘트 써 있으면 더
귀여울 것 같아요."

"멘트 조합마다 다르게 해서 인스타그램 스토리에 올려
도 재밌겠네요."

최고심 컬래버레이션 상품

고작 핸드폰 액정 몇 개를 보면서 이루어진 수다였지만, 이 대화에서 무려 네 가지 상품이 도출됐다. 최고심 작가의 그림이 있는 파우치 음료와 팝콘이 출시됐고, 갓생 멘트가 새겨져 있는 최고심 하트 젤리도 나올 수 있었다.

이처럼 갓생기획 회의는 하나의 가벼운 소재로 '꼬리에 꼬리를 무는 대화'를 시도한다. 소재를 이것저것 던지는 데에 그친다면, 그야말로 수다에 불과하겠지만, 하나의 소재로 꼬리에 꼬리를 물며 이야기를 나눠 좀 더 자유롭게 아이디어가 샘솟을 수 있다. 꼭 아이디어가 상품까지 이어지지 않더라도, 하나의 소재에서 최소한 하나 이상의 인사이트를 뽑을 수 있도록 모두가 노력한다.

인사이트를 뽑는다고 하면 대단해 보이는데, 자신의 생각이나 궁금증을 덧붙이는 것도 인사이트의 씨앗이 될 수 있다. 인사이트가 다소 엉뚱하더라도, 가벼운 대화 속에서 인사이트를 뽑는 습관을 들여야 머리를 말랑하게 유지할 수 있다. 예를 들어, 누군가가 '요즘 로제 떡볶이가 핫하다'라는 이야기를 했을 때 '로제 떡볶이, 진순파('진라면 순한 맛을 좋아하는 사람'이라는 뜻으로 주로 매운 것을 잘 먹지 못하는 사람들이 많다)에게도 매력적일까?' 하는 엉뚱한 코멘트조차 대화 속 작은 인사이트인 것이다.

비슷한 또래끼리 요즘 유행에 대해 이야기할 때 가장 좋은 점은 '빠른 공감대'다. 요즘 유행하는 뭔가를 이야기할 때 설명이 필요하지 않기 때문이다. 예를 들어, 위에서 말한 이야기를 보고한다고 했을 때, 가장 막막한 것은 배경지식에 대한 설명이다. 당장 최고심 작가를 모르는 사람에게 그의 일러스트의 유행에 대해 말하려고 하면 어디서부터 어디까지, 어떻게 설명해야 할지가 난감하기 짝이 없다. '대충 그린 듯한 그림'과 'MZ세대의 열광'을 어떤 이유에 근거해서 이야기해야 한단 말인가! 게다가 인스타그램과 유튜브가 폭발적으로 발달하면서 점점 이유를 명확하게 설명하기 어려운 유행들이 더 많아지고 있다.

하지만 갓생기획의 규칙에 나와 있듯이 우리는 이미 공감대가 대체로 형성돼 있기 때문에 설명 없이 바로 아이디어로 이어갈 수 있다. 갓생기획으로 활동하면서 굳이 이것저것 설명하지 않아도 공감이 깔려 있다는 것이 대화에 얼마나 큰 도움이 될 수 있는지 다시 깨달았다.

아이디어가 상품이 되기까지

아이디어 회의를 마치면 꽤 쓸 만한 아이디어가 이것저것 나온다. 그러면 아이디어들을 모아서, 다 같이 만나 이야기를 한다. 상품화가 될 수 있는 아이디어를 솎아내는 작업이 필요하기 때문이다. 이때 상품의 현실 가능성을 MD가 따져본다. 이미 타깃 고객층의 선호는 보장됐으니 어떤 상품이 재미있을지, 현실적으로 불가능하다면 어떤 방향으로 바꿔야 가능할지 등 최대한 '되는 방향'으로 이야기를 나눠본다. 상품의 모양을 갖춰 나가는 과정이다.

물론 이 과정이 진행된다고 해서 모든 상품들이 출시되는 것은 아니다. 상품을 준비하는 과정에서도 수많은 현실적인 문제에 부딪히기 때문이다. 이를테면, 회의에서 나온 아이디어 중 MBTI 젤리가 있었다. 대한민국이 MBTI 과몰입 시기였기에 서로의 MBTI에 관심이 많았다. 그렇다면 MBTI용 알파벳 8종 젤리를 만들어 각자의 MBTI를 만들고 인스타그램 스토리에 올리게 하는 것도 재미있겠다고 생각해 낸 아이디어였다. 자신을 표현하는 것을 그 어떤 세대보다 즐기는 MZ세대에게 매력적인 상품이 될 것 같았다. 그러나 이 또한 현실적인 어려움이 있어서 제작 중에 중단됐다.

이 외에도 갓생기획에서는 수많은 아이디어가 상품으로 기획됐다. 기존 프로세스에서는 나오기 어려웠던 신박한 날것의 아이디어가 많은 관심을 받았고, 결정적으로 예상 밖의 매출을 찍게 됐다. 2021년에만 갓생기획에서 총 62개의 상품을 출시해 누적 매출 50억 이상을 뽑아낸 것이다. '하는 김에 재미있게'라는 단기 프로젝트치고는 상당한 매출을 낸 셈이다. 이 사태(?)로 예정에 없었던 갓생기획 시즌 2가 시작됐다.

[인스타그램/유튜브에서 아이디어 얻는 tip]
: 알고리즘에서 벗어나기

인스타그램과 유튜브에서 아이디어를 얻는 가장 좋은 방법은 일단 많이 보는 것이다. 이것저것 보면서 스크린 타임을 늘리다 보면 자주 뜨는 것이 보이고, 자주 뜨는 것을 보다 보면 요즘 유행하는 게 뭔지 잡아낼 수 있다. MZ세대를 타깃팅한 상품을 만든다고 검색창에 '요즘 유행템', 'MZ세대' 이런 것들을 검색하는 게 아니라, 내 친구들이 올리는 것들, 피드에 자주 뜨는 것들의 공통점을 긁어모으면 MZ세대 타깃이 되는 것이다. 꼭 상품일 필요는 없다. 맛집, 옷, 밈, 유행 프로그램 등 무엇이든 상관없다. 계속 보다 보면 어쩔 땐 서로 다른 것들이 큼직한 하나의 트렌드로 연결돼 있다는 사실도 알게 된다.

하지만 이 자연스러운 트렌드를 가로막는 것이 있으니, 그것은 바로 '알고리즘'이다. 내가 어떤 콘텐츠를 지속적으로 보면, 이내 관련 콘텐츠만 피드에 뜨는 '알고리즘의 저주'에 걸려버린다. 오히려 내가 알고리즘에 먹히는 것이다.

이런 비극을 대비하기 위해 '부계정'을 적극적으로 활용하는 것을 추천한다. 특히 인스타그램은 이제 한 사람이 여러 개의 부계정을 만들 수 있어서 계정 간 이동이 더욱 편리해졌다. 한 계정은 내 관심사를 둘러보는 일반 계정(일명 이미 자신의 알고리즘에 먹힌 계정)이라면, 또 다른 한 계정은 요즘 뜨는 콘텐츠로 다양하게 구성된 부계정으로 사용하는 것이다. 내가 보는 것이 곧 트렌드인 사람들에게는 활용도가 덜 할 수도 있지만, 트렌드를 익히고 싶지만 정작 본인의 관심사는 트렌디하지 않은 사람들에게는 매우 좋은 방법이다.

갓생 사는
MD의 모든 것

01

유통의 꽃,
MD

M: 뭐든지
D: 다 해서 MD입니다

MZ세대가 온 세상을 장악하다시피 하면서 그들은 편의점 MD에게도 역시 타깃 1호가 됐다. 그러던 중 GS리테일에서도 이런 MD의 니즈와 딱 맞는 MZ세대 타깃 상품 협의체, '갓생기획'이 반가운 신호탄을 쏘았다. 하지만 MD들은 동시에 우려의 목소리를 냈다.

"재밌긴 한데… 과연 시스템적으로 이게 실현 가능할까요?"

실제 상품 개발 시스템은 무척 체계적이고 견고한데, 기존 팀과 다르게 정말 유연하게 일할 수 있을지 미지수였다. 발빠르게 트렌드를 파악하고, MZ세대를 타깃으로 상품을 출시해보자는 취지는 좋았다. 하지만 기존 시스템에 익숙하고, 이것이 매우 중요한 실무자 MD에게는 반신반의할 수밖에 없는 요소들이 가득했다. 그렇게 갓생기획은 '재밌겠다'와 '이게 될까?' 사이의 어느 선상에서 출범했다.

편의점 MD는 어떤 일을 할까?

갓생기획에서 핫한 상품들을 만들어 편의점에 진열하기까지 어떤 과정을 거치는지 이야기하기 전에, 먼저 MD라는 직군에 대해 이해할 필요가 있다. MD^{MerchanDiser}라는 직업은 예전만 해도 일종의 '바이어'로서, 잘나가는 제조사의 물건을 사오고 유통해서 파는 사람이었다. 즉, 좋은 상품을 저렴한 가격에 사서 판매하는 게 주요 역할인 것이다. 지금도 제조사나 기업에 소속된 MD들은 당사 상품만을 만들어서 타 기업(B2B)에 혹은 고객(B2C)에게 제공하는 일을 많이 한다. 하지만 오프라인 편의점이 주요 매장인 GS리테일에서 MD의 개념은 조금 다르다. 타깃층이 확실한 온라인 MD와는 달리, 편의점을 찾는 고객들은 성별, 연령대, 직업군 등이 훨씬 넓기에 모든 대중에게 평가받는다고 생각해야 한다. 때문에 자연스럽게 카테고리와 스펙트럼이 넓을 수밖에 없다. 뿐만 아니라 고객과의 접점이 그 어떤 유통 채널보다 많아서 작은 실수라도 더욱 엄격히 통제해야 한다.

GS리테일 MD도 다른 유통업 MD처럼 B2B, B2C를 모두 진행하지만, 여기에 중요한 업무가 하나 더 추가된다. 바로 상품 기획 및 개발 업무다. 편의점이라는 유통 채널이 워낙 방대한 카테고리를 가지고 있기 때문에 각 MD는 각자의 카테고리를 맡고 있다. 때문에 내부적으로 카테고리 매니저라는 생각을 가지고 일을 해야 하며, 그중 '기획'은 핵심 업무다. 상품 기획을 하기 위해서는 트렌드 파악과 아이데이션 능력은 필수다.

그 외에도 상품과 관련된 모든 과정에 주도적으로 개입한다. 어떤 상품을 만들지, 콘셉트는 어떻게 잡을지, 가격은 얼마로 책정해야 할지, 물량은 어느 정도로 생산해야 할지, 패키징 디자인은 어떤 방향으로 해야 할지, 추후에 마케팅은 어떤 식으로 진행하는 게 좋을지까지도 함께 논의한다. 상품 개발하는 모든 과정을 직접 경험할 수 있는 그야말로 '유통의 꽃'인 셈이다. 그렇다 보니 '무엇이든 가능하도록 하는 것'이 MD에게 무척 중요한 신념이다. MD의 약자가 '뭐(M)든지 다(D) 한다'라는 농담은 '처음부터 끝까지 모든 걸 다 한다'와 '안 되는 것 없이 모든 걸 가능하게 다 해낸다' 두 가지로 해석할 수 있지 않을까.

그래서 실무자 입장에서는 약간의 우려에서 시작했지만 A부터 Z까지 다 한다는 것이 갓생기획에서는 의외로 장점이 됐다. '모든 걸 다 한다'와 '다 할 수 있다'가 합쳐져 '모든 걸 다 할 수 있다'가 되기 때문이다. 상품 개발을 할 때는 언제 어디서 난관에 부딪힐지 모르는 일인데 그때마다 좀 더 유연하게 실무를 진행할 수 있으니 마치 날개를 단 것과 다름 없다.

MD는 단지 잘나가는 상품만 가지고 오는 게 아니라, 없는 상품도 트렌드에 맞게 기획하는 것이 핵심이라 많은 과정을 신경 써야 한다. 물론 이런 과정을 모두 촘촘하게 알고 있으려면 유통업을 전반적으로 이해해야 하는데, 그러기 위해서는 다양한 경험이 중요하다.

GS리테일의 경우, 대졸 공채로 입사하면 대부분의 직원들은 영업을 경험해야 한다. 유통업에 종사하는 사람이라면 현장을 제대로 익히는 과정이 반드시 필요하다고 내부에서 판단한 것이다. 신입사원은 약 1년간 GS25 직영점과 개점지원팀에서 편의점의 전반적인 업무를 배운 뒤, OFC^{Operation Field Counselor}가 된다. 영업의 주요 직무인 OFC는 굉장히 다양한 업무를 경험한다. 예를 들어 매주 월요일 화상회의에 신상품이나 변경 사항이 공유되면, OFC가 이를 숙지해 열 곳이 넘는 편의점의 경영주들에게 일일이 안내하는 등 세세한 업무를 진행한다. 이렇게 3~4년 정도 OFC로 일한 후에는 희망 직무로 이동할 수 있는 기회가 주어진다. 이 과정을 거쳐야

비로소 유통업을 몸소 이해할 수 있으며, 이런 경험들이 모여
MD로 나아갈 수 있는 발판이 됐다.

배우고 배워서 MD가 된다

MD를 하기 전에는 트렌드를 분석하고 거기에 맞는 상품
을 만들어내면 된다고만 생각했다. 단순히 매출이 높은 상품
이 곧 좋은 상품이라고 믿었다. 하지만 막상 MD 일을 해보고
느낀 건, MD는 점포 한두 군데에서만 잘 팔리는 상품을 만들
기보다 고객들이 상품 하나로 GS25에 찾아오게 만들어야 한
다는 것이다. 서울에만 편의점이 1만여 개다. 눈앞의 편의점
을 두고 신호등을 애써 건너서라도 GS25를 찾아오게 우리는
매력적인 상품을 만들어 고객들을 유인해야 한다.

MD로서 일을 하다 보니 상품에 대한 접근이 자연스레 달
라진다. 예전에는 처음 보는 상품이 있으면 '살까 말까'를 고
민했는데, 요새는 '이게 편의점에서 팔릴까 말까, 대중화가 될
까'를 먼저 고민하고, 심지어 우리가 단순히 상품만 만드는
게 아니라 고객이 즐길 수 있는 문화까지 만들어내고 있다는
생각이 들 때면 뼛속까지 MD가 다 됐구나 싶다. 뿐만 아니라

MD는 협력사 관리 등 여러 업무를 처리해야 하기에 유통업에 대한 전반적인 이해도 필수다. 실제로 MD는 '유통의 꽃'이라고도 부르니, 유통업에 종사하고 싶은 사람이라면 꼭 MD 일을 경험해 보길 추천한다. 직·간접적으로 두루두루 유통업에 대한 모든 일을 경험할 수 있고, 물건을 직접 기획, 제작, 판매할 수 있는 직종은 그리 많지 않다.

여전히 MD로서 만들고 싶은 것과 만들어야 하는 것 사이에서 방향을 잡기 어려울 때가 있다. 그럴 때는 MD만의 살아 있는 경험이 피와 살이 되어준다. 예전에 충전기 케이블 쪽을 담당하면서 젤리 케이블 등 예쁜 디자인과 기능성을 모두 담은 멀티 케이블을 출시한 적이 있었다. 디자인과 기능성을 모두 넣다 보니 가격대가 올라갈 수밖에 없었다. 하지만 편의점에 와서 케이블 충전기를 사가는 고객들은 보통 급한 경우에 구매를 하는 편이라 가격대가 가장 저렴한 상품을 찾았다. 이 점을 놓친 것이다. 이때부터 마인드를 바꿔 '내가 만들고 싶은 상품'보다 '소비자가 원하는 상품'을 기획해야겠다 마음먹었다. 그래서 겨울에는 급한 소비자들을 위해 최대한 가성비를 고려한 일회용 배터리를 출시했다. 예상대로 이 상품은 5억의 매출을 올리는 효자 상품이 됐다.

이런 경험을 밑바탕 삼아 최근 겨울에는 핫팩에 디자인을 추가해서 출시했다. 매출뿐만 아니라 SNS상에서 이슈를 일으켜보고자 했다. 핫팩 주요 고객층인 1020 여성들을 타깃으로 가장 인기 있는 캐릭터를 분석해봤더니 산리오 캐릭터 중, 마이멜로디&쿠로미, 시나모롤이 꼽혔다. 이 캐릭터를 활용해 소비자들의 구매욕을 불러일으킬 수 있는 가성비 좋은 상품을 대량 제작했다. 덕분에 겨울 시즌 동안 40억 매출을 반짝 올릴 수 있었다. 또한 위드 코로나 시기의 어린이날 시즌에는 디즈니랑 피너츠 컬래버레이션을 진행해 미키 마우스, 스누피 캐릭터로 여행용 미니 캐리어 레디백을 만들어서, 이틀 만에 완판 행진을 이어가기도 했다.

시기적절한 타이밍에, 소비자가 원하는 캐릭터나 시즌을 잘 분석한다면 소비자가 진정으로 원하는 상품이 무엇인지 조금 더 쉽게 생각해 낼 수 있다는 걸 증명한 경험들이었다. 즉, 소비자 입장이 되어 보는 것, 그리고 알맞은 타이밍에 제품을 기획해 출시하는 게 무엇보다 중요하다는 인사이트를 몸소 깨달았다. 이런 경험 하나하나가 굵은 잔뼈가 되어 갓생기획에서 일할 때 큰 도움이 되고 있다.

02

더 쉽게,
더 빠르게

12단계에서
7단계로 확 줄여라

대기업은 결재 라인이 길고 체계가 견고해 업무 진행이 상대적으로 오래 걸린다. 하지만 회사 내의 회사, 갓생기획은 달랐다. 무엇보다 중요한 건 트렌드에 민감하게 반응해 최대한 빠른 속도로 MZ 소비자의 마음을 사로잡는 것이다.

보통 상품 기획할 때는 12단계의 과정을 거친다. 시장 조사 및 트렌드 캐치, 아이데이션, 기초 데이터 확인 등. 또한 브랜드 컬래버레이션을 할 때는 회사에서의 로열티 지급이나 계약 관계부터 타당성 검토를 하고 상대 브랜드의 매출이 얼마인지, 어느 정도의 파급력이 있는지, 사업 포트폴리오도 받아서 검토해보는 등 일일이 수치화된 자료를 뽑아서 보고서를 작성한다. 이 보고서가 통과되면 그제서야 협업이 진행된다. 하지만 이런 모든 과정을 밟아나가면 적어도 5개월 정도의 시간이 소요되고 심지어 엎어지는 경우도 많다.

```
┌─────────────────────────────┐
│      시장 조사 및 트렌드 캐치      │
└─────────────────────────────┘
              ▼
┌─────────────────────────────┐
│          아이데이션          │
└─────────────────────────────┘
              ▼
┌─────────────────────────────┐
│        기초 데이터 확인        │
└─────────────────────────────┘
              ▼
┌─────────────────────────────┐
│       1차 상품 기획안 작성       │
└─────────────────────────────┘
              ▼
┌─────────────────────────────┐
│        개발 타당성 검토        │
└─────────────────────────────┘
              ▼
┌─────────────────────────────┐
│       컬래버레이션 협상        │
└─────────────────────────────┘
              ▼
┌─────────────────────────────┐
│          계약 진행           │
└─────────────────────────────┘
              ▼
┌─────────────────────────────┐
│          협력사 선정          │
└─────────────────────────────┘
              ▼
┌─────────────────────────────┐
│      상품 개발 및 관능 평가      │
└─────────────────────────────┘
              ▼
┌─────────────────────────────┐
│       최종 상품 샘플 보고       │
└─────────────────────────────┘
              ▼
┌─────────────────────────────┐
│       신상품 안내 및 출시       │
└─────────────────────────────┘
```

기존 상품 기획 프로세스

갓생기획의 상품 개발 7단계

    그러나 갓생기획은 예외였다. 갓생기획은 자율도가 크게 보장됐기 때문에 마치 프리패스처럼 진행됐다. 보고를 위한 보고, 절차를 위한 절차는 최대한 건너뛰고 "그래, 한번 해봐"라는 분위기여서 빠르게 진행할 수 있다. 우리 스스로가 실무자인 동시에 책임자인 셈이다. 상품마다 다르겠지만 덕분에 기존 과정보다 약 두 배 정도 빠르게 제품을 출시해낼 수 있었다. 기존 프로세스와 비교해서 말하자면, 12단계에서 무려 7단계로 확 줄여 진행했으니 빠를 수밖에. 기존 체계를 돌다리 두드리듯 밟아온 MD의 입장에서는 이것저것 도전해볼 수 있는 기회의 장인 것이다.

① 아이디어 포인트 맞추기

    갓생기획에서 상품 출시를 할 때 가장 염두에 두는 건 '갓생기획과 어울리는가?'다. 아무래도 전 연령대의 소비자층을 고려하고 만드는 상품이 아닌 MZ세대를 핀 타깃(pin target)하는 상품이다 보니 그 결이 맞는지부터 따지는 것이다. 그룹별로 이야기 나눈 단초들을 가지고, 대략적인 상품 아이디어가 나오면 우리의 메인 타깃층과 정말 포인트가 맞는지 다시 한번 확인해본다. MD라면 누구나 상품 아이디어에 대한 현실 가능성은 대략적으로 머리에 그려지기에, 자체적으로 빠르게 판단하는 경우가 많다. 하지만 이런 포인트는 다수의 의견을 듣는 것이 중요하다. 가장 본질적인 질문인 '이거 갓생기획이랑 어울리는 거 같아?'라는 질문으로 화두를 던지면 채팅방에서 여러 논의가 나온다. 여기서 멤버들의 동의가 많으면 진행해보고, 그렇지 않으면 바로 접는다. 아이디어를 던지는 단계에서 너무 많은 힘을 쏟지 않는다.

② 간단 보고

우리가 앞으로 이런 상품을 개발하겠다고 내부에 보고하는 과정이다. 더 정확히 말하면 안내의 개념이 강하다. 이 상품을 왜 만들어야 하는지에 대한 당위성을 한두 장 정도의 ppt로 만들어서 전달한다. 상품 개발 업무에 대해서는 MD의 전문성을 믿어주시기에 당위성만 설득이 되면 이 과정 역시 순조롭게 넘어갈 수 있다. 갓생기획 상품인 경우에는 더욱더 그렇다.

③ 업체 선별

이 상품을 가장 빠르고 품질 좋게 만들어줄 수 있는 업체를 꼼꼼히 선별한다.

④ 샘플 제작

상품을 만드는 작업을 본격적으로 시작하는 단계다. 디자이너는 동시에 패키지 디자인을 시작한다.

⑤ 디깅digging 단계

상품이 나오면 이 상품의 파급 효과가 얼마나 있을지, 물량은 얼마나 생산할 것인지를 구체적으로 고민하고, 물류센터에 분배를 어떻게 할 것인지, 마케팅은 어떻게 진행할 것인지를 논의한다(매출과 관련한 모든 것들을 끝까지 파내고 고민하는 작업 단계라 이 과정을 '디깅 작업'이라 부른다).

⑥ 신상품 안내

상품이 출시되면 전국 영업 OFC 담당자들에게 신상품을 안내하고, 경영주들에게도 상품 안내가 시작된다.

⑦ 발주 및 대응

경영주의 발주에 따라 상품을 공급하고 추후에 있을 추가 주문 및 반품 등에 대한 대응을 준비한다.

보통 이 7단계로 진행이 된다. 상품 제작을 결정하는 데까지는 3개의 단계밖에 필요하지 않으니, 기존 단계에 비해 파격적인 단축인 것이다. 더구나 항상 이런 단계로 진행되는 것도 아니다. 내부에 아예 보고하지 않고 컬래버레이션 하고 싶은 브랜드와 먼저 미팅을 진행하는 경우도 있다. 갓생기획의 가장 특이한 지점이라고 할 수 있는데, 내부적으로 설명해야 할 필요성이 없다는 것이다.

우리와 컬래버레이션을 진행한 적이 있는 한 대기업은 갓생기획의 이런 업무 방식을 보고 내부에 신생팀을 꾸려 프로세스를 새롭게 바꿨다. 최소 4~5개였던 보고 단계를 확 줄였고, 팀원도 MZ세대로만 채웠다. 최근에는 그 기업의 신생팀과 갓생기획이 팀 대 팀으로 대면 미팅을 진행한 적도 있어 감회가 새로웠다. 뿐만 아니라 다른 기업들에서도 갓생기획을 눈여겨보고 있다는 이야기를 전해들을 때면 변화를 꽤 실감하곤 한다. '우리가 선례가 되고 있다. 우리가 문화를 만들고 있고, 문화의 시초에 있다'는 생각이 들어 더욱 책임감이 강해지곤 한다.

유통업 MD 업무는 변화에 민감하게 반응해 빠르게 움직이는 속도전인 만큼, 갓생기획의 단축된 단계는 시대적 흐름에

미원맛소금 팝콘과 달마비건 젤리

잘 맞아떨어졌다. 이런 프로세스가 가능하려면 내부에서 갓생기획을 온전히 믿어줘야 하는데, 회사는 생각보다 더 전폭적으로 갓생기획을 믿어줬다. 아무래도 이런 부분이 타 기업과 가장 크게 차별화된 점이 아닐까.

무엇보다 아이디어를 낼 때, 이게 내부에서 통과가 될지, 어떤 피드백이 올지 몰라 눈치를 보게 되는데, 갓생기획에서는 NO가 없었다. '미원맛소금 팝콘'이 그 대표적인 예다. 이 상품은 갓생기획이 생기기 전에도 아이디어를 낸 적이 있다. 하지만 내부는 MSG 과자에 대한 부정적인 인식을 우려해 반대했다. 그렇게 무산될 뻔한 아이디어였는데 갓생기획 덕에 세상 밖으로 나올 수 있었다.

'달마비건 젤리' 또한 마찬가지다. 이 상품은 2022년 11월에 출시된 100퍼센트 식물성 젤리다. 한창 비건이 트렌드로 떠오를 때 육식을 하지 않는 스님들을 생각해 내고 기획한 상품이었다. 선종불교의 창시자인 달마의 모습을 그린 달마도를 내세우면 더욱 그 의미가 돋보이리라 생각했다. 젤리로 탑을 쌓는 콘셉트까지 넣어보았다. 기존 같았다면 스님, 달마도라는 콘셉트가 낯설다는 이유와, 비건 시장이 작다는 이유로 무산될 가능성이 높은 기획이었다. 물론 처음 이 기획에 대해 이야기를 들은 내부에서는 '기가 차다'는 반응이었지만 이내 "그래, 참신하네. 일단 해봐" 하며 밀어주셨다.

결론적으로 이런 과정들 덕에 다양한 상품들이 세상 밖으로 나올 수 있었다. "이런 세계관은 어떨까?", "굿즈 상품도 좋을 것 같은데" 등 의견을 내는 대로 족족 진행되는 것이 짜릿할 정도다. 어찌 보면 허락 차원의 보고가 아니라 우리가 이렇게 만들겠다고 선언하는 격인데 이 정도 규모의 회사에서 이게 가능한 회사가 얼마나 될까?

우리에게 자율권이 있다는 건 분명 신나는 일이었지만 그만큼 부담과 책임 의식도 만만치 않다. 그래서 우리가 스스로 선택하고 진행하는 일인 만큼 성공시키고 싶은 욕망이 끓어

올랐다. 자율권을 주니 때때로 미디어에서 MZ들에게 가장 부족하다고 말하는 그 '책임 의식'이 오히려 생긴 것이다.

MZ세대는 회사의 성공과 나의 성공을 동일시하지 않는다. 열정 없는 세대라고들 하지만 그 열정의 방향이 회사의 충성으로 이어지지 않는다는 점이 가장 큰 특징이 아닐까. 대신 우리의 열정은 회사가 아닌 소비자를 향해 있으며 소비자는 곧 '나'이기도 하다. 결국 나를 위한 일이 회사의 성장과도 연결되는 것이다.

게다가 갓생기획에는 팀장이 없기 때문에 조언이 필요하면 선배들을 찾아가 수다 떨듯 리스크 관리에 대해 물어보기도 한다. 세상에서 정의한 MZ들과 달리, 선배를 먼저 찾아가는 MZ들인 것이다. 이렇게 우리는 자유라는 액셀과 책임감이라는 브레이크를 적절히 섞어가며 대기업 프로세스의 수많은 단계를 건너뛰고 전력 질주할 수 있었다.

갓생기획, '노티드 우유'로
첫 날개를 달다

센스 있는 브랜드와의 만남이 낳은
성공의 시작

우리는 갓생기획 회의에서 얻은 자료를 기반으로 이게 진짜 상품으로 발전될 수 있는지를 좀 더 심도 있게 논의한다. 이 회의는 그야말로 날것이라 모든 의견이 만장일치되지는 않는다.

하지만 모든 멤버들과 만장일치가 됐던 건, 첫 상품은 무조건 대작이어야 한다는 점이다. 그냥 매출이 나는 정도가 아니라 소위 '대박'이 나야 한다는 것이다. 갓생기획의 첫인상인만큼 시작이 좋아야 했다. 앞으로 나올 수많은 갓생기획 상품들을 생각한다면 우리가 최대한 멀리 그리고 높이 뛸 수 있도록 튼튼한 받침대가 되어 주어야 했다.

그 밖에도 시작이 중요한 이유가 또 있었다. MD의 첫 고객은 소비자가 아니라 점포 경영주들이다. 상품 출시를 해도 편의점 경영주들이 발주해주지 않으면 소비자들에게 닿을 기회

갓생기획, 노티드 우유로 첫 날개를 달다

가 없기 때문이다. 아무리 좋은 상품이고, 고객이 좋아할 만한 이유가 수천 가지여도 경영주들이 그 상품에 대한 이해도(컬래버한 디자이너나 브랜드, 요즘 유행하는 맛 등)가 낮으면 쉽사리 발주하기 힘들다. 때문에 갓생기획에서 나올 모든 제품들이 점포 경영주들에게 수월하게 다가가려면 처음 상품이 가장 중요하다고 생각했다. 일단 첫 상품에서 '갓생기획=잘 팔리는 상품'이라는 인지도를 만들어놓아야 했다. 그렇지 않으면 갓생기획 이름으로 출시될 앞으로의 상품들이 고객에게 다가가기가 무척 어려울 것이다. 그래서 첫 시작은 무조건 대박 상품으로 라인업해야 했다.

이것저것 많은 이야기들이 쏟아져 나왔지만 처음으로 컨택 물망에 오른 건 도넛 매장 '노티드'였다. 노티드는 2017년 여름 도산공원 근처 1호점을 시작으로 만들어진 베이커리 브랜드다. 아기자기한 미국 빈티지 만화 콘셉트로 '청담 도너츠 맛집'이라 불리며 SNS를 통해 MZ세대들이 줄 서서 먹는 도넛집으로 유명해졌다. 오픈런해서 먹는 맛집으로 소문이 나서 갤러리아 광교점에 '카페노티드'가 문을 열자 1년 동안 방문자 수 30만 명을 모으기도 했다. 이처럼 당시 노티드의 인기는 뜨거웠다. 오픈런은 물론이고, 길고 긴 웨이팅을 견뎌야만 간신히 도넛 한입을 베어 물 수 있었다.

때문에 애초에 포기하는 사람들이 많았다. 우리는 이 도넛이 더욱 대중화가 되어 많은 사람들이 접했으면 했다. 하지만 회사 내부에서도 노티드를 접해보지 못한 사람이 많았다. 그렇다 보니 왜 노티드가 인기가 많은지, 왜 이 컬래버레이션을 꼭 성사시켜야 하는지 공감하지 못했다. 만약 갓생기획에서 진행한 기획이 아니었다면 무산될 수도 있었다. 여러모로 다행이었다.

일단 노티드와 접촉하는 것이 일순위였다. 웨이팅을 위해 줄을 서는 소비자와 입장이 다르지 않았다. 하지만 갓생기획의 첫 시작에 운이 작용한 걸까. 어느 회식 날, 노티드 케이크를 구매해서 인스타그램에 올렸는데 팀원 한 명이 댓글을 달았다. '오, 나 거기 대표님 아는데!' 이게 웬 떡이냐 싶었다. 역시 이런 일은 동네방네 알려야 하는 걸까. 어쨌거나 팀원이 마련해준 자리를 통해 노티드 대표님을 만날 수 있었다. 그의 도움이 아니었어도 수단과 방법을 가리지 않고 어떻게든 대표님을 만났을 테지만 더욱 빠른 길이 있는데 마다할 이유가 없었다.

미팅은 성공적이었다. 우리는 브랜드 미팅 때 상대방의 가장 큰 니즈를 물어보고 그걸 최대한 맞추려고 하는 편이다.

마침 노티드 대표님은 서울에만 있던 매장을 전국적으로 대중화하기 위해 고민하던 중이셨다. 노티드나 카멜커피 등 핫한 F&B 브랜드는 보통 서울에만 매장이 있는 경우가 많아 소비자층도 제한적일 수밖에 없다. 서로의 타이밍과 니즈가 맞아떨어진 순간이었다. 노티드는 이미 MZ세대를 두터운 소비자층으로 두고 있었기에 이 고객들을 GS25로 유도할 수 있었고, 우리는 전국에 GS25 매장이 있기 때문에 노티드를 대중화하는 데 도움을 줄 수 있었다.

이 과정이 빠르고 순조롭기만 했던 건 아니다. 노티드와 첫 미팅을 하고 상품을 출시하기까지 1여 년이 걸렸다. 생각지도 못한 표기법 이슈가 있었기 때문이다. 우리나라는 법적으로 상품명에 영문이 국문보다 크게 들어갈 수 없다. 그런데 노티드는 영문으로 쓰여진 브랜드였기 때문에 디자인 부분에서 난관에 부딪혔다. 노티드는 브랜드를 알리는 것이 목적이었고, 우리는 노티드라는 브랜드를 활용해 상품을 개발하는 것이 목적이기에 정확히 이 지점에서 가로막힌 것이다. '노티드 우유'는 그렇게 오랜 시간 수정에 수정을 거듭해서 상품으로 출시할 수 있었다.

그 결과, 매장 접근성이 어려워 '노티드' 제품을 즐기기 힘들었던 소비자들은 GS25를 통해 이 니즈를 충촉할 수 있게 됐다. 특히 코로나19로 매장에 방문하기 더욱 어려워진 상황에서, 소비자들이 집 앞 편의점에서 노티드 제품을 즐길 수 있다는 점이 더 큰 매력이었다. 이런 이유로 노티드 우유는 3개월간 270만 개가 팔리는 히트 상품으로 등극했다.

한편 '노티드 우유 말고 도넛도 먹어 보고 싶다'는 소비자들도 생겨나 노티드 브랜드 입장에서도 성공적인 시도라 할 수 있다.

누적 매출 100억 원을 기록한 노티드 제품이 탄탄한 지지대가 되어준 덕분에, 이후 갓생기획에서 출시하는 상품들도 도약할 기회를 얻게 됐다.

노티드 우유

니즈와 타이밍이 맞아떨어진 건 '바프HBAF' 브랜드의 '허니 버터 아몬드'를 작업할 때도 마찬가지였다. 바프는 대한민국 의 대표 견과류 기업(구 길림양행)으로, 2014~2015년 허니버 터칩이 폭발적인 인기를 끌던 시기에 허니버터 아몬드를 개 발해 대중들이 열광하는 아몬드 식품을 만들어낸 곳이다. 바 프는 그 이후에도 캐러멜, 와사비 등 다양한 맛의 후속 제품 을 개발해 초대박을 터뜨리며 브랜드의 새 시작을 알렸다. 또 한 아시아권 10여 개국에 수출할 정도로 성장했다. 게다가 귀 여운 아몬드 캐릭터도 많은 사랑을 받고 있다. 맛있는데 귀엽 기까지 하다니 요즘 잘 팔릴 수 있는 모든 요소를 갖추고 있 는 셈이다.

처음 허니버터 아몬드의 시작에는 GS25도 있다. 당시 GS 리테일의 안주 MD가 바프의 대표와 허니버터 아몬드를 함 께 출시한 것이다. GS25는 바프에 2주간의 납품 기한을 제안 했고, 허니버터 아몬드 열풍을 만들어냈다. 이를 계기로 내부 에서는 이 브랜드를 주목하고 있었고, 허니버터 아몬드가 대 박이 난 후 우리는 이 바프를 안주뿐 아니라 식품군으로 끌어 올 수 없을까 고민했다. 허니버터 외의 다른 맛을 출시하는 게 좋겠다는 의견이 있었고, 당시 매출 1등이 마늘빵 맛 아몬 드였기에 이것을 상품에 접목시켜보자는 기획을 하게 됐다.

마침내 '쌀로별 마늘빵'과 '마늘빵 아몬드 팝콘', 더 나아가 '꿀젤리'까지 출시했다.

이 니즈와 타이밍에 의한 컬래버레이션은 '올드페리 도넛'과도 마찬가지였다. 서울 3대 도넛 맛집 중 하나인 이곳 또한 노티드 우유로 성공을 이룬 GS리테일에 무척 호의적이었고 일을 더욱 수월하게 진행할 수 있었다.

우리는 브랜드와 컬래버를 진행할 때, 항상 상대 브랜드의 니즈를 파악한다. 어떤 니즈를 갖고 있는지에 따라 계약의 성사가 갈리고 기획의 방향이 달라진다. 업체들은 갓생기획의 '노티드 우유'의 성공을 지켜보고, 우리 또한 노티드처럼 저변을 확대하고 싶다고 말한다. 아무래도 유통사보다는 규모가 작은 업체가 대부분이라 대량 생산을 하거나 전국에 매장을 두고 소화를 하는 것이 쉽지 않은데, GS25는 그것이 가능하기 때문이다. 우리는 트렌디한 브랜드와 협력하고, 브랜드는 대기업과 손을 잡아 최대한 대중들에게 접근하고자 하는 것, 이게 서로의 니즈가 통하는 순간이다. 서로의 니즈를 충족하는 방식으로 우린 더욱 빠른 속도로, 다양한 상품들을 출시해 나갔다.

한편, '최고심 젤리'는 어렵게 성사시킨 컬래버레이션이었다. 워낙 MZ세대 사이에서 핫한 작가였기 때문에 어느 정도 예상했던 일이었다. 인스타툰으로 유명해진 최고심 작가는 연필로 그린 듯한 삐뚤빼뚤한 그림체가 특징이다. 동글동글한 캐릭터나 발랄한 색감과는 달리, 현실에서 쉽게 할 수 없는 말들을 가차 없이 내뱉는 표현, '니나 글케 생각하셈!', '인생 막 살자^^', '내가 진짜 짱 돼서 다 이긴다', '안 되면 되는거 해라!', '잘하고 있는 건 나' 등은 초긍정 문구로 MZ세대들의 자존감 지킴이로 불린다.

그래서일까. 다른 기업에서도 최고심 작가에게 많은 제안을 보냈기에 섭외가 쉽지 않았다. 간신히 잡은 최고심 작가와의 미팅 자리에서 우리가 어떤 청사진을 그리고 있는지, 어떤 방식으로 진행할 것인지 열과 성을 다해 설득했다(장난감 레고로 장미를 만들어 가기도 했다). 최고심 작가의 바쁜 일정을 고려해 기존 작품도 적극 활용하면서 작가가 꼭 원하는 작품으로 상품을 구성해 출시할 것을 적극 어필했다.

그렇게 최고심 작가와의 계약이 성사됐고, 이후로 최고심 작가와 밸런타인데이, 화이트데이 기획 상품부터 하트 젤리, 핑크 캐모마일, 초코바 등 다양한 상품들을 출시해서 큰 호응을 얻을 수 있었다.

가장 기억에 남는 협업은 CJ와의 협업이다. CJ와는 디즈니-CJ-갓생기획 삼자 컬래버레이션으로 진행했다. 햇반, 컵밥, 죽 등에 새롭게 디즈니의 마블 디자인을 기존 제한된 소비자층을 넘어 캠핑을 즐기는 MZ세대까지 사로잡을 수 있었다. 또한 햇반이 은근히 보관이 어려운 제품인데, 캠핑 디스펜서를 만들어서 캠핑장에 걸어놓고 햇반을 하나씩 빼먹을 수 있게 편의성을 더했다. 현재는 국내 굵직한 유통 대기업에서 먼저 갓생기획이 만들고 싶은 상품을 만들어보자는 파격적인 제안을 하기도 한다.

CJ-디즈니와의 삼자 컬래버레이션

04

살짝만 비틀어도
매출은 성공 대로

히트 상품은 생각보다
우리 가까이에 있어요

컬래버레이션이 아니더라도 갓생기획에서 자체 제작해 출시한 제품들이 60여 개가 넘는다. 그야말로 사내 수공업이다. 대표 상품으로는 '틈새 오모리 김치찌개라면'과 '팝잇진주캔디'가 있는데, 누적 판매량이 1천만 개가 넘는다. 갓생기획의 시그니처 무무씨 캐릭터와 '소식좌' 트렌드를 결합한 '쁘띠컵밥'도 있다.

'틈새 오모리 김치찌개라면'은 모디슈머(음식을 조합해 즐기는 사람)들에게 이슈가 되면서 매출이 크게 늘었다. GS25에서 부동의 1등 상품인 '오모리 김치찌개라면'과 매운 라면의 대표격인 '틈새라면'을 조합해 새롭게 개발한 상품인데, 출시 후 하루 평균 1만 개씩 판매되고 있으며, 일부 유통점에서는 품귀 현상도 벌어질 정도였다. 인기 있는 것들을 조합해 실패 리스크를 확연히 줄이는 게 성공 요인이었다.

팝잇진주캔디

'팝잇진주캔디'는 출시와 동시에 완판을 기록했다. '팝잇'은 손가락으로 튀어나온 반구를 누르면 '뽁' 소리를 내며 안으로 들어가는 실리콘 재질의 뽁뽁이 장난감이다. 무지개 색상의 팝잇과 형형색색의 캔디로 구성됐다. 색깔, 크기, 모양 등이 다른 팝잇을 수집하는 문화를 반영해 한 종류가 아닌 공룡, 곰돌이 모양으로 제작해, 고객이 선택할 수 있도록 했다.

또한 팝잇 물물교환 시 필수품으로 꼽히는 '푸시팝 놀이판'을 추가 구성품으로 제공함으로써 부가적인 놀이까지 함께 즐길 수 있도록 했다. 이는 단순하고 반복적인 장난감으로 보이지만 묘한 중독성이 있어 초등학생들로부터 독보적인 인기를 얻었다.

이 상품은 MD의 조카가 갖고 놀던 장난감 팝잇을 보고 아이디어를 얻었는데, 의외로 사무실에서도 이걸 누르면서 노는 직원들도 많아 '이거다' 싶어 출시하게 됐다. 그래서 처음에는 MZ세대를 타깃으로 기획했지만, 의외로 아이들에게 선물하기 좋은 상품으로 맘카페에서 입소문이 퍼져 4050세대들에게 많이 소비됐다. 선물하기 좋다는 콘셉트 덕분에 어린이집에도 박스째로 많이 전달됐다. 구매 후기를 살펴보니 안에 먹을 수 있는 캔디도 들어 있고, 가격도 상대적으로 저렴해 더 큰 호응이 있었다.

잇따라 출시했던 '풍선껌 부는 오리'도 성공적이었다. 만지며 노는 '말랑이' 장난감인 이 상품은 편의점에서 소소한 재미도 팔았으면 좋겠다는 취지로 시작됐다. '말랑이'는 아이들은 물론 코로나19로 우울한 직장인들의 스트레스 해소로 큰 인기를 끌었는데, 스트레스를 받을 때마다 오리 배를 꾹 누르면 풍선껌을 불어주는 재미난 장난감이었다.

위의 상품들은 아트박스, 동묘의 문구거리, 천호동 문구거리 등을 돌아다니며 아이들이 요새 무얼 하고 노는지 조금 더 깊게 시장 조사에 착수해 기획한 상품들이다. 젤리 MD가 아내의 맘카페 아이디를 빌려 서칭도 하고, 초등학생 자녀를 둔 친구들에게도 이것저것 물었다. 그래도 궁금증이 채워지지 않을 때는 초등학교 앞에서 아이들이 무얼 하나 유심히 관찰하기도 했다. 특히 그들의 놀이 문화를 많이 보려 했다. '무얼' 가지고 논다기보다는 '어떻게' 노느냐에 집중했다. 행동 패턴은 어떤지, 요새 유행하는 흐름은 무엇인지 보려 했다. '팝잇 진주캔디'에 들어 있던 푸시팝 놀이판도 아이들에게 땅따먹기 놀이 문화가 있는 걸 보고 적용했다. 아이들이 캐릭터가 그려진 고무 딱지를 가지고 노는 거나, 종이에 직접 놀이판을 그려 일종의 땅따먹기판을 만드는 걸 보고 이거다 싶었다.

이 두 상품은 부모와 아이 세대가 함께 소비할 수 있기에 더욱 파급력이 컸다. 한창 유행했던 포켓몬스터 빵도, 과거 포켓몬스터를 기억하는 어른과 캐릭터를 좋아하는 아이가 띠부띠부씰을 동시에 모으면서 시장이 커진 것과 마찬가지였다. 이후로 상품을 기획할 때 어린이들 장난감에서 아이디어를 얻더라도 MZ세대나 다른 소비자층에서도 바이럴이 될 수 있는지를 고려하고 있다. 포켓몬스터 컬래버도 처음에는 빵에만 국한돼 있었는데 이제는 젤리, 초콜릿, 캔디 등에도 다양하게 시도해보려고 한다. 이렇게 의외로 다른 타깃들에게 상품이 통할 때가 있는데, 'HBAF 허니버터 빵이요'도 오히려 어른들에게 인기가 좋았다. MD에게 이런 예상치 못한 결과는 흥미로운 일이 아닐 수 없다.

'짱구는 못말려'를 이용한 크런키빼빼로 기획 세트도 아이디어를 살짝만 비튼 경우다. 내년 빼빼로 행사를 어떤 식으로 진행하면 좋을지 고민할 때였다. 그날도 어김없이 팝업 스토어를 찾아갔는데 웬걸, '짱구는 못말려' 팝업 스토어에 MZ세대들이 몇 시간이고 땀을 흘리며 웨이팅을 하고 있었다. 유행이 지난 옛날 캐릭터라고 판단했지만 곰곰이 생각해 보니 MZ세대들은 짱구와 함께 성장해온 세대였다. 그 어린아이들이 어느새 소비자층으로 우뚝 선 것이다. 그래서 '짱구는 못

HBAF 허니버터 뻥이요

말려'를 이용해 빼빼로 세트를 기획했는데, 내년 빼빼로데이까지 시간이 충분히 남아서, 장기 프로젝트로 3, 4월에 빨리 내면 좋겠다는 생각이 이어서 들었다. 처음에 짱구 젤리를 출시하고, 마침 포켓몬스터 띠부띠부씰이 인기가 있던 시기여서 짱구는 못말려 띠부띠부씰도 출시했다. MZ세대들에게 큰 인기를 끌어, 이후 갓생기획에서도 '짱구는 못말려'로 빼빼로를 출시했다.

소식좌 컵밥인 '쁘띠컵밥'은 한 개그우먼의 영상을 보고 시작된 기획이다. 소식좌는 '대식좌'의 반대어로, 그녀가 MBC every1의 〈비디오 스타〉 프로그램을 진행할 당시 같이 출연한 사람들의 식습관을 자신의 유튜브 채널에 올리면서 처음 소식좌를 거론해 이슈가 됐다. 이후 MBC 예능 프로그램 〈나 혼자 산다〉의 패널 중에서도 평소 소식하는 모습을 공개하면서 더욱 널리 퍼지게 됐고, 비슷한 식습관을 가진 다른 유명 연예인들도 덩달아 소식좌 캐릭터를 얻게 됐다. 최근 유튜브 채널 홍마늘 스튜디오에서는 소식좌 연예인을 내세워 소식 먹방 프로그램을 시작하면서 기존 먹방과는 다른 색다른 먹방을 선보이고 있다. 이처럼 많이 먹는 먹방이 대유행이던 시절을 지나 내 몫만큼, 과하게 먹지 않고 내가 즐길 수 있을 만큼 적당히, 행복하게 먹자는 분위기가 형성되면서 눈에 띄지 않던 소식좌들이 하나둘 나타나기 시작했다.

그동안 많은 기업들은 양이 1.5배 많은 삼각김밥이나 라면 등을 출시하는 데에만 집중했지만, 우리는 최신 트렌드를 적극 반영해 오히려 양을 줄이고 가격을 내린 '쁘띠컵밥' 상품을 개발했다. 나아가 소식좌를 타깃으로 하면서, 동시에 라면과 곁들이기 좋은 사이즈라는 콘셉트를 내세워 마케팅했다. 이 상품은 갓생기획 시그니처 캐릭터 '무무씨'를 활용했다. 브랜드 홍보뿐 아니라 표정 및 숟가락 등을 통해 어떤 제품인지 소비자들이 직관적으로 파악할 수 있도록 했다.

물론 모든 제품에 무무씨가 활용되는 건 아니다. 브랜드 홍보를 위한 것도 있지만 '쁘띠컵밥'처럼 캐릭터가 필요한 경우에 주로 활용된다. 또한 다이어리, 노트, 수첩, 펜뿐 아니라 최근에는 일회용 비닐봉투의 사용 규제에 관한 법안이 대두되면서 '장바구니'에도 무무씨 캐릭터를 적극 활용하고 있다. 팝업 스토어에서 예상 외로 인기가 많았던 무무씨 인형도 제작했다. 점차 무무씨의 영역을 넓히는 게 맞다고 판단했던 것이다. 가볍게 시작한 갓생기획 프로젝트가 캐릭터를 가진 브랜드로 성장하고 있다.

05

안 되면
되게 하라

괜찮아,
거절도 익숙하니까요

앞에서 잠깐 언급했듯이 상품을 발주하는 점포 경영주들을 먼저 설득하는 단계가 중요한데, 그때부터 애를 먹는 경우도 있다. 최고심 작가의 제품들을 출시할 때였다. 아무리 MZ세대들에게 인기가 많은 작가라 할지언정 애초에 최고심 작가를 모르는 경영주들은 발주를 망설이셨다. 이럴 때는 영업 OFC들에게 최대한 자세하고 설득력 있게 설명하고, 그럼에도 불구하고 발주에서부터 막히면 이벤트나 마케팅적으로 설득한다. 예를 들어, 5월에 GS리테일에서 슈퍼마리오 상품들이 나왔는데, 이 상품을 구매할 때마다 스탬프를 찍어줘 10개 이상 모으면 1등 경품으로 오사카 2박 3일 여행권을 준다는 등 소비를 유도하는 이벤트를 많이 진행하는 것이다. 여러 방면으로 경영주들을 설득시켜 제품과 소비자가 최대한 많이 닿을 수 있게 애를 쓴다.

앞에서 이야기한 성공 사례들만 보면 마치 갓생기획은 온 갖 무기를 장착한 무법자처럼 보이지만, 사실 우리도 브랜드 들에게 수많은 거절을 당했고, 지금도 여전히 수많은 거절을 당하고 있는 중이다. 모든 브랜드가 유통사와 작업하는 것에 호의적인 것은 아니다. 브랜드 아이덴티티가 훼손될까 봐 혹 은 유통사에 대한 대기업들의 거부감 등 여러 이유로 거절한 다. 예를 들어 스포츠 브랜드에서는 유통사와 컬래버를 하는 것이 자신들과 결이 맞지 않는다고 생각하기도 하고, 음료나 과자 등의 패키지로 브랜드의 로고가 소비되는 것을 원하지 않는 곳도 있다. 브랜드별로 자신들이 향후 방향을 어떻게 잡 고 있는지에 따라 유통사와 함께하지 않는 게 더 낫겠다는 판 단을 하는 것이다. 이럴 때는 애초에 설득할 기회조차 얻지 못한다.

컨택 포인트가 없어서 아예 연락을 못 하는 경우에는 매장 에 직접 찾아가 일단 인사부터 하기도 하고, 본사로 찾아가 리셉션에 명함을 전달하기도 한다. 새벽부터 줄서서 기다려 야 하는 안국동의 핫한 베이글 맛집이며, 미국 캘리포니아가 본고장인 성수동의 유명 커피 체인점도 직접 찾아가 명함을 드렸다. 어떤 곳에서는 문전박대까지는 아니더라도 환영받지 못한 적도 많다. 하지만 아직도 공략하지 못한 브랜드들이 많다. 그래서 오늘도, 내일도 우리는 다시 문을 두드릴 것이다.

　무작정 찾아가 성사된 기획도 있다. 바로 '사랑의 열매 젤리'다. 어느 날 뉴스를 보다가 아나운서의 가슴팍에 달린 사랑의 열매 배지를 보고 불현듯 아이디어가 떠오른 것이다. 그리고 곧장 사회복지공동모금회인 '사랑의 열매' 사무실로 직접 찾아가, 사랑의 열매 모양으로 젤리와 빼빼로 기획 상품을 만들고 싶다고 제안했다. '사랑의 열매' 측은 제안에 기뻐해 주셨고, 우리는 즉시 상품 개발에 착수했다. 또 '사랑의 열매'는 단순 장신구가 아니라 사회적인 가치가 있는 디자인이었

사랑의 열매 젤리

기 때문에 소비자가 젤리와 빼빼로를 구매하면 수익금의 10퍼센트는 '사랑의 열매'에 기부되도록 했다. 편의점이라는 오프라인 플랫폼이 사회 공익적인 기능망의 역할을 하고, 소비자들의 착한 소비로까지 연결되는 것을 보며 '우리 잘하고 있구나'라는 생각이 들었다.

실패 아니고 과정입니다

갓생기획에서 진행한 모든 상품이 이슈가 되고 이익을 보는 건 아니다. 어떤 경우는 예측 불가한 이슈가 생기기도 하는데, 그 예가 '프로틴 코인 쿠키'다. '프로틴 코인 쿠키'는 비트코인이 한창 유행일 때 CJ제일제당과 컬래버레이션한 제품이었는데, 마침 코인이 바닥을 치면서 제품도 함께 바닥을 치고 말았다. 원래 쿠키 속에 황금색으로 칠한 알파벳 B를 찾아 인증하면 비트코인을 증정하는 이벤트를 진행하려 했는데, 실제로 진행했으면 큰일날 뻔했다. 영업관리자들은 "지금 코인 시장이 이렇게 안 좋은데, 일부러 노리고 발표한 거 아니냐"며 농담할 정도였다.

하지만 부정적인 면만 있는 건 아니다. 오히려 이슈를 역이용한 경우도 있었다. 2022년 카타르월드컵 때 대한민국과 가나전 전후로 '가나초콜릿'의 매출이 빵 터진 것이다. 이런 상황을 이용해서 이벤트를 진행한다면 큰 비용을 투입하지 않더라도 좋은 성과를 낼 수 있다.

반면에 타의적으로 발생하는 상황과는 별개로 내부적으로 상품 개발 자체가 어려운 경우도 있다. 아무리 갓생기획이라 해도 상품을 개발하는 데에는 수많은 난관에 부딪히기 마련이다. 그 예로 '오늘하루 초콜릿'이 있다. 이 상품은 아침, 점심, 저녁 시간에 알맞은 성분을 넣은 초콜릿을 영양제처럼 챙

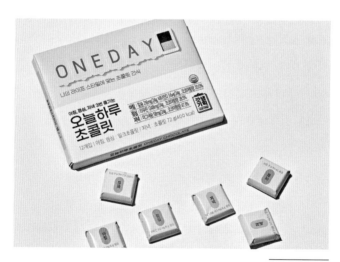

오늘하루 초콜릿

겨 먹자는 기발한 아이디어와 재미가 더해진 콘셉트다. 아침에는 활력을 주는 칼슘과 비타민 D를, 점심에는 집중력을 높이는 타우린을, 저녁에는 심신을 안정시키는 마그네슘을 각각 넣은 라이프스타일 맞춤 초콜릿이다. MBC 예능 프로그램 〈아무튼 출근〉에서 직장인들이 서랍에 간식을 쟁여놓고 먹는 걸 보고 떠올린 아이디어였다. 일반 초콜릿은 일단 개봉하면 한 번에 다 먹기가 어렵기 때문에, 각자의 시간대에 따라 먹을 수 있게 만들면 고객의 생활 패턴에 좀 더 부합할 수 있을 것 같았다.

기획은 신선했지만 제작할 때는 꽤나 애를 먹었다. 자동화로 진행되던 포장 라인을 바꿔야 했고, 우리가 원했던 성분이 원가가 워낙 비싸서 소비자 가격을 책정하는 데도 무척 어려웠다. 충북 진천에 있는 공장에도 직접 방문해 긴밀한 논의를 했다. 우리가 생각하기에 '라인을 살짝만 바꾸면 되는 거 아니야?' 싶은데, 막상 공장은 비용이며 검증이며, 간단한 문제가 아니었기에 많은 설득 과정이 필요했다. 결국 포장 라인에 수작업을 추가하기로 했다.

이 상품은 크라운제과와 함께 진행했는데, 당시 크라운제과 마케팅 팀장님이 애를 많이 써주셨다. 이 기획 자체가 워낙 특이했고, 처음에 크라운제과를 설득하는 데에도 꽤 많은 정성을 쏟았다. 보통 MD가 회사로 직접 찾아와 발표를 하는 경우가 없다고 하는데, 우리가 직접 찾아가 브리핑을 하는 열정을 보시고 크라운제과 마케팅팀 내부적으로도 노력을 많이 해주셨다. 그러나 제작 단계에서 어려움에 부딪혔다고 중단할 수 없었다. 여기저기 성분 검색도 하고 공부도 해서 더 저렴한 성분을 찾아내 역제안하기도 했다. 그렇게 해서 간신히 나온 초콜릿이라 정이 더 많이 간다.

한창 MBTI가 유행처럼 확산됐을 때는, MBTI에 해당되는 8가지의 알파벳을 넣고 MBTI 젤리를 만들 계획이었다. 하지만 알파벳을 각인하려면 몰드를 새로 제작해야 했는데, 제작비가 너무 비싸기도 했고, MBTI 판권 문제도 해결이 안 돼서 여러 이유로 결국 포기할 수밖에 없었다.

아무리 제약이 덜한 갓생기획이라도 상품 개발 차원에서는 고려해야 할 것들이 많고, 여러 유관 부서나 공장을 찾아다니며 설득과 조율을 해야 할 일이 많다. 이런 모든 과정을 거쳐서 나온 상품들이기 때문에 모두 애착이 많이 간다. 물론 이 힘든 과정을 거쳐 세상에 나왔지만 생각보다 소비자들의 반응이 싸늘할 때도 많다. 하지만 우리는 이걸 실패가 아닌 '과정'이라 부르기로 했다. 모든 상품이 다 성공하기란 굉장히 어려운 부분이고, 우리는 가능성을 위해 지속적인 도전을 장려받는 팀이라고 생각하기 때문에 최대한 겁먹지 않고 많이 도전하려고 한다.

기획이나 공정 과정은 수월했어도 디자인 컨펌 단계에서 난항을 겪는 경우도 많다. (갓생기획에서 출시했을 때는 아니지만) 산리오 캐릭터를 이용해 핫팩을 만들 때였다. 핫팩을 디자인할 때는 색깔이나 크기 등에 대한 컨펌이 쉽지 않을 때가 많다. 시즌 상품이다 보니 빨리빨리 출시해야 하는데, 컨펌이 오래 걸리는 협력 브랜드일 경우에는 상당히 난감하다. 가이드라인이 있지만 막상 디자인을 해서 제출하면 캐릭터 세계관에 따라 디자인의 한계가 분명하기 때문이다. 예를 들어, 쿠로미나 마이멜로디 둘 중에 하나를 핫팩으로 출시하려 했는데, 두 캐릭터는 함께 다녀야 하는 세계관 때문에 둘을 한 개의 핫팩 디자인에 넣어야 한다는 조건이 붙은 것이다. 또 포켓몬스터 우산을 만들 때는 이상해씨와 꼬부기가 꼭 함께 여행을 다녀야 한다고 해서, 두 캐릭터를 같이 넣을 수 있는 새로운 상품을 고민하기도 했다.

이렇게 협업 디자인 관련해서 컨펌이 느려져 목표했던 시기에 결국 론칭을 못하기도 했다. 자의가 아니고 외부적인 요소로 일의 진행이 막힐 때는 생각보다 더 답답하기도 하지만, MD는 '뭐든지 다 한다' 아닌가. 결국 어떻게든 세계관을 따라 될 때까지 수정의 수정을 거듭해 결국은 해내고 만다. 조금 늦더라도, 조금 바뀌더라도 결국은 해내고 또 해낸다. 상사가 이런 말을 한 적이 있다.

> "도전은 최대한 많이 해라. 실패해도 좋다.
> 실수만 최소화해라."

이런 응원과 조언이 있었기에 소비자들의 열광적인 반응을 얻는 상품들을 출시할 수 있었다.

갓생기획 시즌 1이 끝나고 시즌 2가 시작됐다. 제일 먼저 손들고 자원하지 않을 이유가 없다. 처음에는 '될까?'라는 의심을 직접 경험하면서 확실하게 날려버리게 해줬기 때문이다. 그리고 이제는 그 의심의 자리가 더 다양한 일들을 해보고 싶은 마음으로 채워져 또 다른 도전을 이어가고 있다.

06

발 빠르게 기획하는
MD만의 비법

갓생기획 MD,
진짜 갓생을 살다

여러 조건들을 고려하며 상품을 출시하는 것이 맞지만, 제약들을 먼저 생각한다면 갓생기획의 기획 회의는 한계뿐인 아이디어로 점철됐을 것이다. 그래서 회의 때만큼은 재밌는 아이디어를 던지려 한다. 가능성을 논하는 기획에는 당연히 정답은 없다. 우린 그저 평소에 보고 듣는 것들을 우리의 상품으로 치환해 상상하려 한다. 세상의 모든 것을 젤리로, 문구로, 과자로 일과 일상을 최대한 접목하려 했다.

TV를 보다가, 운전을 하다가, 친구와 대화를 하다가 불현듯 아이디어가 떠오르면 기록을 했다. 특히 핸드폰 메모장을 적극 활용했다. 아무리 번뜩이는 아이디어라도 시간이 지나면 잊어버리니 수시로 무언가를 기록했다. 그렇게 일상 속에서 나온 아이디어들이 '팝잇진주캔디', '사랑의 열매 젤리', '달마비건 젤리', '공차 밀크티 젤리' 등이다.

'오늘 아침 9시부터 10시까지 아이디어를 생각해 볼까'보다는 24시간 내내 생활 속에서 계속 돌이켜보는 것이 좋다. 갓생기획에서 일하면서 멤버들과 메신저를 통해 실시간으로 여러 트렌디한 링크들을 공유받으면서 기획력이 좋아졌다. 내부 환경 자체가 컬래버도 많이 하고, 공유된 자료도 많이 보고, 새로운 것을 계속 체험하다 보니 자연스럽게 트렌디해질 수밖에 없다.

요즘은 알고리즘 시대라고 해도 과언이 아닌데, 알고리즘의 늪에 빠지지 않도록 최대한 다양한 환경에 자신을 노출시키길 추천한다. 알고리즘은 내가 관심 있는 것, 좋아하는 것에만 나를 가둬두기 때문에 그 안에서 허우적거릴 가능성이 굉장히 높다.

그런데 성향이 각기 다른 멤버들이 각자의 관심 분야에서 이슈가 되는 것들을 메신저로 그때그때 공유하면 알고리즘에서 벗어나 좀 더 다양한 분야에 시선을 돌릴 수 있다. 또 다양한 뉴스레터, 메일링 구독서비스를 구독해 이것저것 최대한 많은 정보와 자료를 보려 한다. 그게 책이나 잡지일 수도 있고 인스타그램일 수도 있다. 특히 이런 것들을 그냥 보고 흘려보내면 90퍼센트는 잊어버리기 때문에 앞서 말한 핸드폰 메모장 활용은 필수다.

팝업 스토어를 최대한 많이 방문하기도 한다. 외근에 제약이 없는 편이라 "여기로 점심 먹으러 갈래?" 하고 유명한 식당이나 카페에 간다든가, 새로 오픈한 팝업 스토어가 있다면 무조건 가본다. 팝업 스토어 일정이 촉박하다면 당장 출발하기도 한다. 노티드처럼 워낙 유명한 곳은 길고 긴 웨이팅을 감수해야 하는데, 이 또한 너무 지겹더라도 기다리는 편이다. 참신한 공간에 가면 '우리도 이렇게 활용해보면 좋겠다' 싶은 아이디어들이 샘솟는데, 디자인이나 문구에서도 많은 영감을 얻는다. 혼자 간 날에는 다음에 지인을 함께 데려가 내가 판단한 게 틀리지는 않았는지 더블 체크도 꼭 한다.

MD 일을 처음 시작할 때만 해도 캐릭터에 대해서는 하나도 몰랐다. 게다가 가장 인기 있는 트렌드까지 캐치해야 해서 난감했다. 그때 당시의 조력자는 협력사 담당자분들이었다. 그분들에게 최대한 많이 물어보고, 킨텍스, 코엑스 등 관련된 박람회란 박람회는 다 쫓아다니며 시장 조사를 했다. 일본에서 열리면 일본도 가고, 못 가는 경우에는 협력사분들에게 현장 사진이라도 부탁했다.

지금은 이쪽 분야에 자신감이 붙어 팝업 스토어 등을 주도적으로 찾아간다. 갓생기획 단체방에서 나오는 요즘 핫한 더현대 팝업 스토어는 꼭 가려고 한다. 심지어 기술 관련한 박람회도 찾아가려 한다. 중국 광저우에서 열린 박람회 등 다양한 경로를 통해 정보를 얻으며 충전기 케이블과 같은 상품 인사이트를 발전시킬 수 있기 때문이다. 그냥 찾아다니는 게 아니라 여기서 우리가 어떤 것을 적용시켜 제품으로 만들어낼 수 있는지를 끊임없이 고민하는 것이다.

팝업 스토어에서 아이디어를 얻어 마케팅으로 활용한 브랜드 컬래버레이션 사례도 있다. 현대 백화점에서 진행한 '슈퍼말차25'라는 팝업 스토어다. '힛더티HIT THE TEA' 브랜드의 '슈퍼말차'와 함께한 이 팝업 스토어는 편의점 출시 전 백화점 팝업 스토어를 통해 고객들에게 먼저 얼굴을 알린 경우다. 슈퍼말차는 국내 유기농 보성 말차를 사용하는 프리미엄 말차 전문 브랜드다. 설탕 대신 천연 대체당을 블렌딩해 상품을 제조하는 것이 특징이며, 베스트 메뉴로는 슈퍼말차라테, 더티콘 아이스크림이 있다. 2019년 10월 성수점 오픈 이후, 녹차 덕후들의 대표 말차 맛집이자 MZ세대들에게 핫 플레이스로 자리 잡았다.

팝업 스토어는 '말차의 모든 것을 가까이'라는 콘셉트로, 매장을 말차가 떠오르는 진한 그린색으로 꾸몄고, 릴레이 형태로 더현대 서울점과 현대백화점 무역센터점, 현대백화점 판

팝업 스토어를 방문한 MD

교점 세 곳으로 고객을 찾아갔다. 슈퍼말차와 GS25가 함께 개발한 다양한 슈퍼말차 상품과 오직 팝업 스토어에서만 판매하는 협업 굿즈까지 총 25가지 상품을 다채롭게 구성해 고객들의 열광을 샀다. 슈퍼말차 랑드샤 쿠키, 슈퍼말차 하임, 아이스크림 파인트, 초코콘, 웨하스, 코코말차, 모찌롤, 티라미수 등 말차와 잘 어울리는 상품으로 선보였는데, 심지어 랑드샤 쿠키는 고급 수제 쿠키라서 가격대가 높은 데도 불구하고 팝업 스토어에서 완판돼 편의점에서는 아예 출시하지 못했다.

브랜드의 팝업 스토어는 MZ세대들만의 취향 소비 및 핫 플레이스나 힙한 브랜드, 상품들에 대한 오픈런 현상을 발 빠르게 반영하고 있다. 이에 발맞춰, GS25는 유명 브랜드와 손잡고 팝업 스토어를 통해 스페이스 마케팅을 더욱 강화하고 있다. 특히 트렌디한 차별화 전략 상품을 활용해, 공간과 브랜드를 연결하는 경험의 장으로 역할을 확대해 업계를 선도할 계획이다.

MD로서 또 하나 놓치지 않으려는 것이 있다. 반짝이는 브랜드를 발견했을 때, 이 브랜드가 얼마나 지속 가능한지 SNS에서 게시물이나 태그 개수를 주기적으로 체크하는 것이다. 호기심에 한 번 가보고 재구매가 떨어지는 브랜드는 장기적으로 봤을 때 매출이 안 나올 가능성이 높다. 혼자 체크를 하기 어려운 경우에는 마케팅팀에서 이런 일을 담당하고 있는 직원들에게 브랜드를 계속 팔로잉하며 추적해달라는 부탁을 하기도 한다.

'요즘 사람들은 무엇에 열광하는가'가 우리의 최대 화두이기 때문에 현장에서도 그 열기를 놓치지 않으려 한다. 고착화된 일상에서 새로운 것을 찾아내려면 스스로를 계속 리프레시 해야 하는데 위에서 말한 것처럼 직접 경험하고 지켜보는 것보다 효과적인 방법은 없다.

　누군가 보기에는 노는 것처럼 보일 수도 있고, 어쩌면 정말 노는 과정일 수도 있지만, 여기서 시작되는 아이디어들이 많다. 그래서인지 일을 하고 있다는 자각이나 스트레스보다는 재미나 욕심이 더욱 커지고 이 놀이판에서 더 신명나게 놀아보고 싶다는 생각이 든다. MD로서 고객들의 기억에 진하게 남을 만한 상품을 만들어내고 싶다는 욕심까지도 든다. 때로는 경쟁사에서 참신한 기획을 냈을 때 우리는 왜 이런 생각을 하지 못할까 약간의 좌절감이 들기도 하지만 이런 걸 원동력 삼아 달려 나가기도 한다. 새로운 걸 찾고, 만들어내는 사람들에게는 숙명이니까.

Knotted
Banana milk

Knotted
Raspberry milk

Knotted
Vanilla milk

바나나 밀크 · 라즈베리 딸기 밀크 · 바닐라 밀크

Lemon flavor
Knotted
Jelly
스마일 옐로우 젤리
54 g(17g×3개) 레몬농축액 %(고형분) 1종

Blueberry & peach flavor
Knotted
Jelly
슈가베어 핑크 젤리
54 g(17g×3개) 레몬농축액 %(고형분) 1종

맛있게 즐기는 4DAYS 초콜릿 영양 간식

ONEDAY · 이거

아침, 점심, 저녁 3번 즐기는
오늘하루
초콜릿
12개입 | 아침.점심 : 밀크초콜릿 | 저녁 : 초콜릿 72 g(400 kcal)

앙버터
스프레드
RED BEAN & BUTTER

사랑의열매
JELLY
캔디류 | 60 g 200 kcal
체리농축액 0.11%(고형분 65%)

오리온
스윙칩
× Spicy chipotle
DOWNTOWNER
스파이시 치폴레
ENJOY

참깨 수제비
얼큰하고 고소한 맛

오리지널 김치 찌개맛 컵
오도리 김치 찌개라면

갓生
폭탄
맥주
청량감과 깔끔한 소맥맛 구현
ALC 6.0 % 500 mL

SOY SAUCE
LA RAMYON
LA면
LA RAMYON
SWEET & SALTY
LA양념 갈비맛
LA면

풍선껌이 들어있는 풍선쌀물 오리
풍선껌물 오리
26 g | 가공식품류 | 추잉껌 20 %

갓생기획 MD라면 갖춰야 할 마음가짐이 있다. 갓생기획 MD들이 입을 모아아 이야기한 중요한 마음가짐을 공개한다.

✚ 근성 : 하나만 더, 한 번만 더

쉬운 일 하나 없다지만 MD는 특히 근성이 필요하다. 상품 개발을 하다 보면 장애 요소나 협상해야 할 일들이 계속해서 생긴다. 단계 단계마다 포기하고 멈춰선다면 소비자에게 다가갈 수 있는 상품은 거의 없을 것이다. 또한 내가 좋아하지 않는 분야일지라도 쉽게 포기하지 않고 관심을 가져보는 열린 마음도 중요하다. 예쁜 케이크에 관심이 없어도 굳이 시간을 내서 들여다보고, 2차원 캐릭터에 관심이 없더라도 굳이 팝업 스토어까지 가서 즐길 줄 아는 그런 '한 번만 더 해보자', '하나만 더 보자'는 태도가 중요하다.

✚ 유연성 : 강약중강약은 필수

MD를 하고 있거나, MD를 꿈꾸고 있는 사람들에게 꼭 하고 싶은 말이 있다면, 한 제품에 올인하지 말라는 것이다. 한 제품에 심혈을 기울이는 게 어떤 분야에서는 매우 칭찬받을 태도지만, 이렇게 지속적으로 일한다면 자칫 번아웃에 빠지기 쉽다. 상품 상품마다 올인하고, 그 상품이 원하는 매출을 내지 못했을 때의 좌절감을 온전히 겪다 보면 롱런할 수 없는 건 당연지사다. 한 상품을 만들게 되면 적어도 3개월에서 6개월의 시간이 소요되는데, 한 가지 상품이 나올 때마다 거기에 온 에너지를 쏟게 되면 다른 상품을 기획할 에너지가 부족하기 때문이다. 또한 아이러니하게도 심혈을 기울인다고 그것에 비례해 상품의 매출이 잘 나온다는 보장이 없다.

✚ 동기부여 : 긍정적인 자극으로 만들기

다른 유통사에서 내가 생각지도 못한 상품들이 나올 때 '왜 나는 저런 생각을 못했을까?' 싶은 순간이 있다. 혹은 '저거 잘 안 될 것 같은데' 싶은 상품이 성공적인 매출을 낼 때도 있다. 이때 열등감에 빠져있기 보다 그 상품을 보고 벤치마킹할 수 있어야 한다. 최근에는 전통 식품 대기업에서도 바나나맛 과자와 빙수 디저트 카페와 컬래버하는 등 다양한 컬래버 진행이나 신제품을 출시하는 것을 보며 변화의 바람에 놀랄 때가 많다. 다양한 시도를 하는 타 기업의 행보를 유심히 지켜보며 우리가 한발 더 빨리 할 수 있는 일은 무엇이 있을지 고민하는 일도 큰 도움이 된다. 다음 상품으로 시도해보면 된다는 여유로운 자세로 이를 긍정적인 동기부여 요소로 활용한다면, 오히려 이렇게 만든 제품들이 더 매출이 좋다는 것을 경험하게 된다.

✚ 관계성 : 결국 모든 건 사람이 하는 일

모든 건 사람이 하는 일이고, 모든 일은 관계 안에서 이루어진다. MD 업무도 사람을 상대하는 일이라 인간관계가 매우 중요하다. 때문에 작업이 있든 없든 협력사분들 가게에 불쑥 찾아가 잘 지내냐며 안부인사를 물을 수 있는 관계를 유지하는 것이 좋다. 게다가 협력사분들과 커피 한 잔을 마시면서 듣는 세상 돌아가는 이야기나, 개인적인 이야기를 통해서도 상품 아이디어를 얻을 수 있으니, 더 다양한 사람들과 대화를 많이 하자. 협력사분들과 서로 인간적인 모습들을 공유하기도 하는데, 어떻게 보면 협력사분들도 업계 선배님이라 통하는 부분이 상당히 많다. 이런 시간들이 쌓이면서 자연스럽게 관계 구축이 단단하게 이뤄진다. 그러다 보면 추후에 협력사에서 좋은 상품이 나왔을 때, 우리에게 먼저 제안을 주는 경우도 꽤 많다. 협력사분들이 "그래도 GS리테일 MD들이 제일 친근하고 정이 많이 간다"는 말씀을 해주실 때마다 '아무리 바빠도 이런 걸 놓치면 안 되겠구나'라고 다짐한다. 유통업에서의 핵심은 결국 사람이기 때문이다.

✚ 책임감 : '우리'가 잘되어야 하는 이유

마지막으로 MD에게 가장 중요한 요소는 책임감이라고 감히 말할 수 있다. A부터 Z까지 모든 것을 컨트롤하고, 좋은 상품을 만들어내는 것, 나아가 문화를 구축하는 직군이기 때문이다. 앞에서 말했듯 GS리테일에 입사를 하면 직영점과 영업 OFC 업무를 필수로 한다. 일하면서 이 과정에서 경영주들과 자연스럽게 친분이 쌓이게 된다. 영업사원의 목표는 경영주들의 수익 개선인데, 경영주들과 가까이 일하면서 '내가 이분들의 생계에 직접적으로 도움을 줄 수 있는 사람이 되고 싶다'는 열망이 강해지고, 그것이 좋은 상품을 개발하는 MD가 되고 싶다는 생각으로 이어진다. 즉, '나-상품' 간의 관계에만 치중된 MD보다는 '경영주-상품-고객'의 연결성을 터득하고 더 책임감 있는 태도로 일해야 한다. 또한 소비자가 원하는 질 좋은 상품을 만들어낸다는 사명감을 잃지 말자.

3장

브랜드의 힘,
세계관 구축하기

01

브랜드에
세계관 입히기

김네넵,
갓생기획 재직 중입니다

갓생기획 시즌 1의 세계관은 간단했다. '갓생기획'이라는 가상 회사와 그곳에서 일하는 신입사원 '김네넵'. 김네넵은 (초창기의 많은 스타트업이 그러했듯이) 기획부터 제작까지 수많은 일에 열정적으로 참여한다. 그야말로 영끌하듯 최선을 다해 갓생 사는 '갓생러'인 것이다. SNS 역시 그의 빠릿빠릿한 모습을 페르소나로 가져왔다. 김네넵의 탈을 쓴(?) 우리도 신입의 마음으로 아이디어를 내고, 상품을 기획하고, 신상품도 뚝딱뚝딱 만들었다. 가상의 세계관과 현실의 일치, 갓생 그 자체였다.

그렇게 MZ세대에 대한 물음표에서 시작된 갓생기획은, 누구보다 발 빠르고 재미있게 보낸 결과, MZ세대를 제대로 타깃팅해 6개월 단기 프로젝트임에도 불구하고 긍정적인 성과로 마무리할 수 있었다. 그리고 성공적인 갓생기획의 마무리를 축하한 지 한 달이 지났을까. 2021년 12월, 갓생기획 시즌 2가 시작됐다. 시즌 2에 대한 기대는 하지 않았는데, 생각보다 갓생기획이 잘된 덕이니 당황스러웠지만 새로 시작해보기로 했다. 우리는 시즌 2를 진행하기에 앞서 정비해야 할 것들을 논의하기로 했다.

세계관을 활용한 타깃 확장

가장 먼저 네이밍에 대한 판단이 필요했다. 초반에는 네이밍을 바꾸려고 했다. 2021년 당시 핫한 키워드가 '갓생'이었기에 프로젝트 네이밍에 빠르게 반영했었다. 하지만 2022년에도 이 네이밍을 그대로 가져가는 것은 조금 부담스러웠다. 신조어나 트렌디한 단어를 네이밍에 사용했을 때 흔히 생기는 상황이다. 되도록 이런 점은 지양하고 있지만 MZ세대 타깃 단기 프로젝트였기에 넣었던 건데, 프로젝트가 생각보다 잘됐을 때 생기는 걱정거리도 있는 법이다.

결론적으로는 구성원들의 투표를 통해 네이밍을 유지하기로 했다. 2022년에도 갓생 트렌드가 이어질 거라 예측했고, 아직 갓생기획으로 도전할 것들이 많다고 생각했기 때문이

다. 대신 세계관을 조금 변경하고, 갓생기획의 브랜딩에 좀
더 초점을 맞추기로 했다.

 '1편보다 나은 2편 없다'는 말이 자꾸 맴돌아 처음엔 골머
리를 앓았으나, 의외의 포인트에서 가닥이 잡히면서 쉽게 세
계관이 완성됐다. 유난히 무언가를 끄적이기 좋아하는 갓생
기획 멤버의 다이어리가 포인트였다. 갓생기획 시즌 2는 멤
버의 다이어리에서 나왔다. 위클리란마다 오늘의 체크리스트
가 가득하게 적혀 있는데, 체크한 수는 약속이나 한 것처럼
요일별로 점점 줄어들고 있었다. 그나마 목요일, 금요일로 접
어들면서 체크리스트조차 없었다. 그리고 다시 월요일이 되
면 아주 작고 소중한 의지 불씨가 피어나는 듯했다. 다이어리
를 들켜 멋쩍은 멤버의 양해를 구하고, 삼삼오오 모여 다이어
리를 구경하기 시작했다. 빼곡하게 적힌 1월, 넉넉한 2, 3월,
한산한 4, 5월. 6월에는 다시 뭔가를 결심한 건지 잔뜩 써 놨
다가 빠르게 사라졌다. 8월부터 11월까지는 내용이 전무했
다. 이 이상한 다이어리 패턴은 무엇이란 말인가.

 "아니, 다이어리가… 왜 이러세요?"

 웃음이 나왔다. 그것은 분명 공감의 웃음이었다. 사실 놀랄
것도 없었다. 극단적이지 않을 뿐이지 갓생기획 구성원들의

거의 모든 다이어리가 유사한 패턴이었기 때문이다. 빼곡하게 잔뜩 눌러 쓴 다이어리는 어깨 너머로 본 팀장님들의 다이어리뿐이었다(다이어리를 빼곡하게 끝까지 쓰는 사람만이 대기업 팀장의 길에 오를 수 있는 것일까).

또 다른 구성원이 쭈뼛쭈뼛 자신의 다이어리 뒤편에 있는 '2021년 버킷리스트'를 공개한 순간 확신이 생겼다. '퇴근 후 영어 학원 가기', '보디 프로필 찍기', 심지어 '연애하기'까지. 회사에서 제법 갓생 사는 멤버인데, 버킷리스트 완수율은 제로에 가까웠다. 그 와중에 수줍어하며 '헬스 등록하기'는 성공했다고 고백했다. 코로나로 몇 번 못 간 게 아쉽다며, 코로나만 아니었다면 일주일에 최소 4번은 갔을 거라는 말과 함께.

갓생기획 시즌 2 세계관이 결정되는 순간이었다. '갓생을 꿈꾸지만 말로만 갓생을 살고 있는 갈팡질팡한 영혼들'. 갓생이 트렌드라고 하지만, 사실 갓생이라는 의미는 어쩌면 아주 옛날부터 모두의 마음에 조금씩은 들어 앉아 있었을 것이다. 새해 다짐, 버킷리스트, 신학기의 불타는 의지 등 누구나 갓생을 조금씩은 꿈꿔왔다. 다만, 이를 실행하는 사람이 별로 없을 뿐. 그들은 이미 훌륭한 자리를 하나씩 차지한 채 우리 곁에, 혹은 저 멀리 존재한다. 성실한 전교 1등, 성공한 사업가, 직장 내 핵심 인력과 같은 모습을 한 채로 말이다. 주기적으로 갓생을 다짐하지만 대부분의 우리는 그저 말로만 갓생 사는, 속된 말로 '아가리 갓생러'일 뿐이다. 하지만 우리네 인생이 그렇게 별로인가 하면 그건 또 그렇지는 않다. 그들보다 아주 약간의 실행력이 부족할 뿐이지 우리네 인생도 '최선'에 있어서 모자람은 없다. 그래서 갓생기획 시즌 2는 '우리네 인생 그 자체'를 스스로 응원하기로 했다.

고객이 공감하는 세계관 구축하기

아이디어의 단초가 잡힌 후, 우리가 생각하는 갓생기획 시즌 2 세계관의 포인트를 정리해보았다.

1. 생각보다 갓생 사는 것은 힘들다.
2. 말로만 갓생 사는 사람들이 더 많다.
3. '말로만 갓생 사는 사람들'로 타깃을 확장하면 더 큰 공감을 이끌 수 있다.
4. 시즌 2는 상위 1% 갓생러가 아닌 자신의 방법으로 갓생 사는 '작은 갓생러'들에게 위로와 공감의 메시지를 건넨다.

생각의 흐름을 정리하니 세계관이 빠르게 잡혔다. 시즌 1은 가상 회사 '갓생기획'에서 일하는 '정말로 갓생 사는 신입, 김네넵'이 페르소나였다면, 시즌 2는 말로만 갓생 사는 사람, '아가리 갓생러'로 확장해보기로 했다. 급작스러운 변경은 아니었다. 실제로 우리 주변 직장인 친구들을 조금만 둘러봐도, 아니 우리 자신만 돌아봐도 알 수 있다. 취업 준비를 할 때는 그렇게 가고 싶었던 회사였는데 어느새 출근길 탈출을 꿈꾸고 있는 아이러니. 이런 마인드를 가진 대표 페르소나는 갓생기획 시즌 1의 김네넵을 활용하기로 했다. 아무리 열정 가득했던 사회 초년생 김네넵이라도 일명 '허니문' 기간이 끝나기 마련이다. 어쩌면 우리 대부분은 김네넵과 같은 일상을 살아가고 있지 않을까. 바쁘다 바빠 현대사회에서 열심히 살아내는 것은 생각보다 어려우니까.

n년 차 직장인이라는 설정으로 말로만 갓생 사는 사람들의 이야기를 하고, '이런 삶을 사는 우리도 충분히 멋져!'라는 이야기를 하고 싶었다. 올해는 진짜 갓생 살겠다고 외쳤지만, 현생 살면서 갓생? 생각보다 정말 만만치 않다. 사실은 다짐하는 것만으로도 기특하다. 누군가는 박수 쳐주고 칭찬해줘야 하는 거 아닌가.

슬로건은 이런 맥락에서 '이 또한 갓생'으로 잡았다. 비록 오늘 할 일 체크리스트가 텅 비었어도, 이루지 못한 버킷리스트가 수두룩한 채 연말을 맞이해도, 그 또한 갓생이니까. 아주 작디 작은 의지라도 '중요한 건 꺾이지 않는 마음'이라고 하지 않는가! 아니, 이제는 '꺾였는데도 그냥 하는 마음'인가. 이처럼 갓생기획 시즌 2는 갓생을 다루고 있는 듯하지만, 사실은 일상을 살아내는 모든 현대인에게 주는, 혹은 나 자신에게 주는 위로를 지속적으로 말하고 있다.

로고도 기획서 모양에서 전구 모양으로 리뉴얼했다. 여러 가지 시안이 많이 나왔지만 '반짝' 하는 아이디어가 가장 직관적으로 강조된 귀여운 시안으로 새 단장을 했다. 기존에는 '신상기획팀'이라는 단어를 로고에 넣어 상품에 초점을 맞췄다면, 시즌 2는 브랜딩에 보다 집중하기 위해 '이 또한 갓생'이라는 슬로건을 넣었다. 단순히 상품에만 붙는 표시가 아니라 로고 단독으로도 활용될 수 있고, 갓생기획의 정체성도 잘 드러났다.

키 비주얼은 전구 로고 형태와 톤앤매너를 맞춰 개발했다. 배경에 노트패드 모눈 모양을 넣어, 갓생기획의 '기획'이라는 특성을 살렸다. 갓생이라는 주제에 부합하는 재미있는 문구를 삽입하고, 추가 그래픽 요소는 라인 이모지 형식으로 개발해 활용성을 높였다. 이 키 비주얼은 팝업 스토어 외관의 메인 그래픽과 포스터 굿즈에 활용했다.

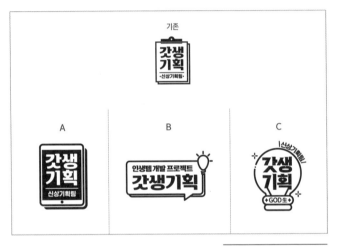

갓생기획 시즌 2 로고 후보안

갓생기획은 세상의 모든 갓생러를 위해 갓생러가 직접 상품을 개발하는 프로젝트입니다.

갓생기획 최종 로고

갓생기획 키 비주얼

키 비주얼 활용 팝업 스토어 외관

김네넵과
무무씨의 탄생

대한민국
직장인으로 산다는 것

갓생기획 시즌 2를 하면서 가장 공들인 부분은 세계관이다. MZ세대 타깃 상품 출시에 초점을 맞춘 시즌 1에는 개요에 해당되는 세계관인 가상 회사 '갓생기획'과 갓생 사는 '김네넵'으로 소통했다면, 본격적인 브랜딩을 다지는 시즌 2에서는 세계관을 구체화했다. 갓생기획이 보다 '공감'하는 브랜드로 거듭나길 바라는 마음에서였다.

세계관을 짤 때 가장 먼저 한 일은 '공감'이라는 키워드를 중심에 둔 것이다. 그 맥락에서 갓생러 김네넵의 이야기만 다뤘던 시즌 1과 달리 말로만 갓생 사는, 일명 '아가리 갓생러'로 페르소나를 변경한 것이 그 일환이다. 그 후에는 김네넵이라는 페르소나를 정교화했다. 정말 내 옆에 있는 친구처럼, 혹은 나처럼 느껴질 수 있게 구체화하고, '뭐래여우 무무씨'라는 캐릭터도 추가했다.

그러나 갓생기획의 핵심은 결국 '편의점'이라는 오프라인 공간에서 시작되는 것이기에 이 세계관을 설명할 수 있는 수단이 부족했다. 해결 방안으로 온라인에서는 SNS와 유튜브를 적극 활용하고, 오프라인 팝업 스토어를 열어 세계관을 온전히 담아냈다. 세계관을 담을 수 있는 굿즈, 다이어리도 제작해 부수적인 소통을 지속했다. 세계관이 다양한 방식으로 확산되고, 이것을 고객들이 즐기는 과정은 정말 뿌듯하고 배울 점도 많았다.

세계관 변경	페르소나 정교화	세계관 스토리텔링		〈HOW TO〉	
				TOOL	
				온라인	오프라인
to 타깃 확장				SNS, 유튜브	팝업 스토어

＊SUB) 굿즈, 다이어리

공감을 이끄는 세계관 세우기

그렇다면 왜 세계관을 만들어야 할까? 갓생기획은 고객과 브랜드가 좀 더 효과적으로 소통하는 데에 가장 큰 목적이 있다. 이제는 누구나 브랜드를 만들 수 있는 세상이다. 브랜드와 고객과의 소통이 더욱 중요해졌다. 상품의 차별화뿐만 아니라, 브랜드가 고객과 소통하는 전략도 강력한 경쟁력이 되고 있다.

이전에는 브랜드 스토리를 전달하는 정도에 그쳤다면 이제는 수많은 브랜드가 세계관을 만들어 고객과 적극적으로 소통하고 있다. 물론 모든 브랜드가 세계관으로 고객과 소통할 필요는 없다. 우리 브랜드의 주 고객층이 세계관으로 소통하는 것을 실제로 즐길지, 그 세계관으로 전달하고 싶은 메시지가 있는지에 따라 세계관의 무게가 달라질 수 있다.

브랜드에 이 두 가지 조건이 충족된다면 세계관을 만들었을 때 소통의 시너지가 난다. 물론 세계관의 핵심 키워드가 있어야 한다. 갓생기획처럼 공감이 될 수도 있고, 유머나 신뢰가 될 수도 있다. 상품과 별개로 고객이 브랜드를 떠올릴 때 끄덕일 수 있는 키워드를 잡아 세계관을 펼쳐 나가면 된다.

두 가지 조건에 모두 부합하는 갓생기획은 세계관 소통에 더욱 집중했다. 우선, 갓생기획의 주 고객층이 SNS를 즐기고, 새로운 것을 시도하기 좋아하는 MZ세대(정확히는 후기 밀레니엄부터 Z세대 이후의 연령층)이기에 만들어진 세계관으로 소통하는 것이 효과적이라 판단했다. 아울러 갓생기획은 '이 또한 갓생'이라는 슬로건으로 '갓생, 그거 별거 아냐. 우리 일상도 충분히 멋져'라는 메시지를 전달해, 고객과 소통하고 싶었다. 코로나19 이후에 '갓생' 트렌드가 떠오르면서, MZ세대 사이에서 갓생을 시도하는 빈도가 매우 높아졌다. 하지만 재미있는 것은 정작 갓생을 실천하는 사람이 생각보다 드물다는 데이터였다. '시작은 창대하나 끝은 미약한' 갓생에서 그들은 저마다 작은 좌절을 하고 있었다. 물론 갓생기획 멤버들도 마찬가지였다. 마치 뒤로 갈수록 점점 깨끗해지는 수줍은 다이어리처럼 말이다.

우리는 비록 상품으로만 고객과 만날 뿐이지만, 이 영역을 넓혀 우리네 갓생에게 위로를 건네고 싶었다. tvN 드라마 〈또! 오해영〉에서 이런 내레이션이 나온다.

> '별 일 아니라는 말보다, 괜찮을 거란 말보다,
> 나랑 똑같은 상처를 가진 사람이 있다는 게
> 백 배 천 배 위로가 된다.'

가장 진정성 있는 위로는 공감대에서 나오고 공감대는 다양한 이유로 형성되지만, 가장 강력한 공감대는 상대와 동일한 상황에서 나온다. 그래서 우리는 '갓생을 살아내고픈 마음'을 고객과의 공감대로 잡았다.

세계관을 본격적으로 펼치기 시작한 건 팝업 스토어를 기획하기로 한 이후였다. 갓생기획 팝업 스토어 '갓생기획실'은

갓생... 참 쉽지 않군요

갓생기획

미라클 모닝. 퇴근 후 운동
사이드 프로젝트까지
말로만 갓생 산 지 어느덧 n년 차.

갓생... 참 쉽지 않군요.
하지만 이 또한 갓생 아니겠어요.
시작이 반이라는데 열심히 하겠단
다짐만으로도 멋지잖아요.

아직은 조금 어설프고 마음뿐인 갓생이지만
상품에는 진심인 '갓생러'가 여기 '갓생기획'에 모였답니다.
내가 먹고 싶은 그 상품,
내가 한번 만들어 보겠다는 열정 하나로요.

그래도 이 정도면 갓생, 반 아니고
대충 삼분의 이 정도는 살고 있는 거로 쳐도 되겠죠?

갓생기획 그 자체를 한 번에 보여주는 거대한 세계관의 총집합이기 때문에 보다 정교함이 필요했다. 팝업 스토어처럼 세계관 자체를 보여주는 브랜딩 활동에는 내부용 세계관과 소통용 세계관이 필요하다. 내부용 세계관은 말 그대로 내부 직원들 용도고, 소통용 세계관은 고객과 소통하는 온오프라인 채널에서 사용한다. 두 세계관의 골격은 동일하지만, 내부용 세계관이 소통용 세계관보다 상세하게 구성된다.

내부용 세계관과 소통용 세계관의 관계

내부용 세계관이 탄탄해야 팝업 스토어와 같이 세계관을 활용한 기획/연출물을 만들 때 협업이 원활하다. 그러기 위해서는 일단 각자 머릿속에 떠올리는 김네넵에 대한 생각부터 하나로 모아야 한다. 물론 아이디어는 다양할수록 좋지만 서로의 머릿속에 있는 김네넵이 일치하지 않은 상태에서 아이데이션을 하고, 이것을 각자 발전시킨다면 자칫 마지막에 서로 다른 모습을 한 김네넵들이 생길 가능성이 높기 때문이다. 이런 참사를 막아주는 것이 바로 내부용 세계관이기에 최대한 구체적으로, 마치 내 옆에 있는 동료를 묘사하듯이 잡는 것이 좋다.

소통용 세계관은 말 그대로 고객에게 김네넵이라는 존재를 드러낼 때 사용한다. 이때 소통용 세계관은 내부용 세계관만큼 현실감을 구체화하면 할수록 재미는 있다. 하지만 지나치게 자세한 묘사는 지양하는 것이 좋다. 반드시 고객이 직접 상상할 수 있는 여지를 남겨 둬야 한다. 좋은 예시가 소설, 웹툰의 영상화다. 종종 호평을 받은 소설이나 웹툰이(이 외의 모든 텍스트/이미지형 콘텐츠 포함) 영상화되는 경우가 있다. 특히 요즘에는 OTT 서비스가 발달하면서 영상화된 콘텐츠를 더 많이 찾아볼 수 있다. 내용을 잘 구현했다는 찬사가 나오는 경우도 있지만, 영상화되기 전 콘텐츠가 더 재미있다는 반응이 많다. 텍스트나 이미지보다는 영상이 훨씬 화려하고 사실적으로 구현되기에, 훨씬 좋다는 반응이 절대적이어야 하는데 왜 반응이 갈리는 걸까. 콘텐츠마다 다양한 이유가 있겠지만, 공통적인 이유는 '상상할 수 있는 여지'를 없앴기 때문이다.

갓생기획의 김네넵 역시 고객들을 위한 여지를 활용해, 주변의 누군가를 투영하면서 공감해야 더 큰 재미를 느낄 수 있다. 그래서 소통용 세계관은 내부용 세계관에서 상상력을 발휘할 수 있는 여지를 두고 만드는 것을 추천한다. 물론 순서는 중요하지 않다. 내부용 세계관을 먼저 만들고 핵심만 압축해도 되고, 소통용 세계관을 만든 후, 살을 붙여 나가도 된다. 갓생기획은 대체로 후자의 방법으로 탄생했다.

브랜드 페르소나 만들기

그렇다면 갓생기획의 페르소나는 어떻게 만들어졌을까? 시즌 2, 어느새 혼자 시간을 달려서 어엿한 n년 차 직장인으로 진화한 김네넵. 그는 누구인가? 그를 자세히 소개하면 다음과 같다.

열정 가득한 신입이었지만, 이제는 열정을 잃어버린 '그냥 대한민국 직장인'. 갓생기획실에서 이것저것 하는 직원이다. 지나치게 구체화하면 오히려 공감에 방해가 될 수 있지만 n년 차, 2X살 정도의 네넵이를 추정해 보자면 이렇다. 대체로

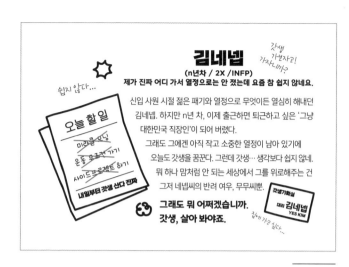

김네넵 소개

3, 6, 9년에 한 번씩 일하기 싫어병, 일명 '직장인 사춘기'가 온다고 하니 대략 3~4년 차일 것이다. 나이는 헤아려 보자면 20대 후반 혹은 30대 초반 정도까지도 됐을 것이다(입사 초까지만 해도 의욕이 넘쳤으니, 분명 대학생 때도 이것저것 도전하느라 칼 졸업은 못했을 것이다). 퇴근하면 집으로 달려가고, 방 꾸미기를 좋아하며, 길 여우(?) 출신인 무무씨를 보필 중이며, 뭐든 진득하게 하지는 못한 탓에 취미 부자가 돼버린 그는 당연 INFP일 것이다. 현실적인 계획보다는 목표(라고 쓰고 희망 사항이라고 말한다) 세우기를 좋아하고, 말로만 갓생 살지만, 미련은 아직 버리지 못한 그다. 아마도 재미있어 보이는 것은

거룩하게 도전하고 머쓱하게 포기하는 일상을 살 것이다.

브랜드의 페르소나로서는 상당히 구체적으로 잡았다. 마치 내 옆에 있는 친구를 묘사하듯이 잡아, 갓생기획 멤버들이 각자 생각하는 네넵이의 이미지를 맞췄다. 모두의 머릿속 네넵이를 맞추고 아이디어를 하나씩 발전시키니 하염없이 발산되기보다는 더욱 뾰족해질 수 있었다. 여담으로 시즌 2 초반에는 김네넵 캐릭터를 다소 강하게 잡아 보기도 했다. 이를테면 MBC 예능 프로그램 〈무한도전〉의 콩트 시리즈 '무한상사'의 박명수같이 시키는 일은 곧잘 하지만, 불만도 서슴없이 표현하는 사이다 캐릭터로. 하지만 김네넵이 시즌 1에 비해 지나치게 일탈(?)한 것 같아 현실성이 떨어져 지금의 네넵이가 됐다(열정둥이가 열정이 떨어지는 건 흔한 일이지만, 내로라하는 프로 불만러가 되려면 3~4년 사이에 그에게 굉장히 큰 시련들이 있어야만 했다). 대신 이 성격을 무무씨에게 조금 녹였다.

네넵이는 반려 여우를 키우고 있다. 이름은 무무씨. 갓생기획의 귀염둥이다. 팝업 스토어 현장에서 무무씨에 대한 의견이 (시바견이다, 고양이다 등) 분분하다는 소식을 들었지만, 무무씨는 '여우'다. 그것도 언제나 심드렁하다 못해 다소 심각한 표정을 잃지 않는 티베트모래여우다. 일반적으로 '티베트 여

무무씨
(나이 미상/뭐래여우/ISFP)
풀네임 : 뭐래여우 무무씨

티벳여우 또는 모래여우라고 부르는 종이지만
특유의 심드렁한 표정으로 '뭐래여우'라고 불린다.
별걱정도 미련도 없어서, 무무씨. 김네넵이 키우는
반려 여우다. 퇴근하는 그를 직접 집사로 간택했다.
여우치고는 이상하게 같이 회사도 다니는 것 같고,
밥도 먹는 것 같지만 아무튼 반려 여우라고 한다.
요즘 급격히 텐션이 떨어진 김네넵에게 편의점
커피를 한 잔 사주며 티타임을 보내는 게 그의
유일한 낙. 언제나 그에게 '회사는 회사일 뿐'이고,
'이 또한 갓생'이라 위로를 건넨다.

힘내라, 네넵아.
너는 먹여 살릴 여우가 있다!

MOUNTAIN IS
MOUNTAIN
WORK IS WORK~

어쩌라고

THAT'S NONO

무무씨 소개

우'로 알려져 있다.

　무무씨는 티베트 여우지만, '뭐래여우'라고 불린다. 실제로
티베트 여우를 '모래 여우'라고 부른다는 사실을 알게 됐고,
'모래 여우' 대신 '뭐래여우'로 하자는 아이디어로 '뭐래여우,
무무씨'가 됐다. 누가 무슨 말을 하든 속으로 '뭐래' 하고 받아
치는 당돌함. 이런 당돌함이 네넵이에게는 없기에 네넵이와
무무씨는 천생연분이다. 심지어 티베트 여우를 영어로
'Serious Fox'라고 부른다고 하니 정말 찰떡이 아닐 수 없다.

　무무씨는 사실 '무형의 어떤 캐릭터'에서 시작됐다. 갓생기

획 시즌 2 초반에 자체 캐릭터에 대한 니즈가 생겨 어떤 캐릭터를 만들면 좋을지 논의를 했다. 초반에는 김네넵 외에 다른 인물(?)에 대한 계획이 없었기에 갓생기획의 페르소나인 '김네넵'을 캐릭터화하자는 의견이 지배적이었다. 하지만 김네넵을 사람으로 캐릭터화하는 순간, 김네넵이 정형화될 것 같다는 우려가 있었다. 자신을 대입해보는 여지가 단번에 줄어드는 셈이다. 그렇다고 그저 귀여운 동물 캐릭터로 하자니 어색했다. 꼭 동물 캐릭터일 필요는 없지만, 김네넵의 세계관을 상당히 현실적으로 잡았는데, 귀여운 무언가로 표현된다고 생각하니 갑자기 현실성이 떨어지는 느낌이었다. 긴 회의 끝에 김네넵의 캐릭터화는 무산됐다. 대신 이 세계관에서 캐릭터로 표현될 수 있는 포인트가 있을지 고민해보았다.

열정 가득한 자타공인 갓생러였던 네넵이는 스트레스를 받고 있을 것이다. 천성이 열정둥이였기에 마음속으로는 기회만 되면 열정 가득하던 시절로 되돌아가고 싶을 것이다. 하지만 이미 식어버린 열정의 불씨를 제대로 태우기는 어려워, 스스로에게 스트레스를 조용히 받고 있을지도 모른다. 이런 네넵이에게 가장 필요한 건 뭘까? 그렇게 살아도 괜찮다고 말해주는 위로일 것이다. 갓생기획 시즌 2를 관통하는 메시지

브랜드의 힘, 세계관 구축하기

가 '이 또한 갓생'이지만 네넵이 옆에서 직접적으로 심심한 위로를 건네주는 누군가가 필요하다고 생각했다. 하지만 그 위로가 진지하기보다는 무심한듯 따뜻하게 '다행'을 건넬 때 더 와닿지 않을까. 즉, 네넵이의 고민을 무게감 있게 대하기보다는 별일 아니라고 말해주는 누군가를 만들어내는 게 좋을 것 같았다. 그래서 우리는 '무심함'에 초점을 맞췄다. 어떤 형태의 캐릭터든 별일 아니라는 무심한 표정이었으면 좋겠다고 생각했다. 그래서 초반 아이디어 리스트에 있던 병아리, 다람쥐 등은 모두 폴더 속으로 넣어버리고 나온 것이 '티베트 여우'다. 티베트 여우는 티베트 고원에 서식하는 여우로 묘하게 해탈한 표정이 특징이다. 당장이라도 '산은 산이오, 물은 물이로다'를 중얼거릴 것만 같은 진지한 얼굴이 인상적이라, 각종 밈에 등장하곤 한다.

그 후, 갓생기획의 디자이너가 다양한 티베트 여우 캐릭터 시안을 만들어보기로 했다. 며칠 동안 티베트 여우만 들여다봤지만, 캐릭터화하기에는 얼굴 선이 두껍고 터프한 데다가, 티베트 여우는 특유의 심보가 포인트인데 이것을 어떻게 하면 귀엽게 살릴 수 있을지가 고민이었다. 엎친 데 덮친 격으로 디자이너는 코로나 확진 선발주자가 되어, 병마와 싸우며 2D 티베트 여우 시안을 무려 세 가지나 뽑았다. 그도 어쩔 수 없는 고통을 일로 잊는 갓생러, K-직장인이었던 것이다.

1안은 기본 안으로 티베트 여우와 최대한 유사하게 구현했다. 티베트 여우의 큼직한 얼굴과 몸통이 고스란히 나타난 시안이다. 2안은 보다 이모티콘스러운 느낌으로 표현했다. 당장이라도 "그래서 어쩌라고"하며 불만을 토해낼 것 같은 심드렁함과 뭐든 자기 맘대로 할 것 같은 눈매가 포인트다. 마지막 3안은 티베트 여우의 귀여움을 강조했다. 티베트 여우의 무심함에 토실한 볼살을 추가했다. 가장 대중적으로 사랑받을 수 있는 포인트를 많이 추가한 시안이다. 세 가지 시안 중에 귀여운 볼살에 의욕 없는 눈빛을 가진 3안이 가장 표를 많이 받았다. 디자이너가 고통 속에서 만든(낳았다는 표현이 적절해 보인다) 토실토실한 티베트 여우에게는 고민 끝에 이름을 지어주었다. 별 미련도 걱정도 없어서 '무무씨'.

무무씨 형상이 나오면서 무무씨도 점차 하나의 '캐릭터'의 면모를 갖추어 나갔다. 무무씨는 네넵이처럼 집을 사랑한다. MBTI는 ISFP(ISFP와 ISTP 사이를 왔다 갔다 한다). '길 여우' 출신이며, 그의 강단 있는 성격답게 직접 네넵이를 간택했다. 마치 《어린 왕자》의 여우처럼. 열정을 잃은 네넵이에게 '일은 일이고, 회사는 회사일 뿐'이라며 그의 멘탈을 관리해주는 소중한 존재다.

위에서부터
무무씨 1, 2, 3 시안

뭐래여우 무무씨

S#1. 김네넬의 퇴근길

하, 회사 가기 싫다.
왜냐하면 회사에 가기 싫기 때문이다.
왜 주말은 이틀뿐이지?
근데 저건 뭐지? 고양이인가…?

- 뭐래. 난 여우야. 뭐래여우.

뭐라는 거야.
그리고 여우가 원래 이렇게 생겼었나?

- 키워.
- ???
- 키우라고.

여름이었다.

무무씨 비하인드 에피소드

네넵이는 고객이 감정 이입을 할 수 있는 존재라면, 무무씨는 고객이 듣고 싶은 말 혹은 하고 싶은 말을 해주는 존재다. 무무씨가 워낙 매력적으로 잘 나와서 갓생기획의 귀염둥이 역할을 톡톡히 했다. 비록 무무씨의 매력 넘치는 표정 때문에 인형 만드는 과정은 다소 아찔했지만. 무무씨의 의욕 없는 삼백안을 사랑스럽게 살리기까지 태산 같은 피, 땀, 눈물이 있었다. 실낱같은 눈 크기를 조금만 잘못 조정해도 은은하게 돌아버린 낯선 눈빛이 되곤 했으니까 말이다.

세계관을 잡는 과정은 재미있는 일이었지만, 또 그만큼 중요한 일이기도 하다. 특히 무無에서 시작한 팝업 스토어에서 탄탄한 세계관이 빛을 발했다. 공간 디테일을 잡을 때, 사사로운 소품 디테일을 잡을 때도 도움을 많이 받았기 때문이다. 네넵이라면 다이어리에 이렇게 썼을까, 취미 생활은 저렇게 했을까, 아니면 이렇게 했을까 고민될 때 살아 움직이는 네넵이가 되어 보면 가장 빨리 답이 나왔다. 누군가의 공간에서 그의 하루를 반추한다는 건 그 사람을 가장 정확하게 알 수 있는 방법이니까! 이런 촘촘하고 세밀한 과정이 고객의 공감을 유도하는 데 큰 도움이 됐다고 생각한다.

03

고객과
소통하기

고객이 '놀러 오는'
채널을 만들어보아요

상품만으로 세계관을 풀어내는 것은 어려운 일이다. 상품 패키지는 한정돼 있고, 거기엔 상품 정보를 담는 것만으로도 모자라기 때문이다. 이때 가장 좋은 도구가 SNS와 유튜브다. GS25는 100만 구독자를 보유한 '2리5너라'라는 유튜브 채널

갓생기획 인스타그램 계정

GS25 유튜브 채널 '2리5너라'

과 인스타그램을 운영하고 있다(@gs25_official). 모든 것을 새로 시작해야 하는 갓생기획 입장에서 100만 구독자의 유튜브 채널은 든든한 자산이 됐다. 반면 인스타그램은 새로 계정을 만들었다(@god.saeng_official).

가장 좋은 소통 창구, 유튜브와 인스타그램

갓생기획은 유튜브와 인스타그램을 가장 중요한 소통 창구로 사용한다. 특히 유튜브는 우리의 지원군이 되어줬다. 유튜브는 재생목록이라는 탭이 있어 자유롭게 새로운 콘텐츠를 추가할 수 있는데, 이 특징을 활용해서 예능/다큐/광고까지 다양한 콘텐츠 페르소나로 채널을 운영할 수 있다.

하지만 인스타그램은 온전히 하나에 집중하는 채널이다. 즉, 편의점 계정에는 편의점 페르소나로 같은 결의 이야기를 풀어내는 것이 인스타그램의 특징이다. 갓생기획은 기존 편의점과는 다른 페르소나로 고객과 소통해야 했기에, 인스타그램은 아예 새로운 계정을 개설했다.

갓생기획 시즌 1은 가상 회사라는 세계관으로 구성돼 있기

에, 온라인에서는 상품과 함께 이 세계관을 보여주는 데 중심을 두었다. 우선, GS25 유튜브 채널에 '갓생기획' 재생목록을 추가한 후, 회사 콘셉트로 모델도 세 명 선정했다. 야무진 신입 역할로 걸그룹 '카라'의 허영지가 중심을 잡고, 말발 좋은 배우 이명훈과 아싸 대학생 '우선쿤' 콘셉트로 유명한 개그맨 최우선이 출연해 열정적으로 갓생기획을 꾸려가는 흐름이었다. 이때는 갓생기획 브랜드와 상품 홍보에 초점을 둬서, 실제 갓생기획 멤버들이 상품을 기획하는 것과 마찬가지로 영상에서도 상품 아이디어 내는 과정을 주로 다뤘다. 그리고 이런 실감나는 포인트가 콘텐츠의 성공 요인이 됐다.

이를테면, 실제 우리가 협업했던 '노티드', '바프'를 방문해 이야기를 이끌어내면서 세계관의 현실성이 더했다. 이런 포인트들이 상품을 더 매력적으로 보이게 하고, 갓생기획의 정체성을 보다 부각시켰다. 뿐만 아니라, 대대적인 홍보도 진행했다. 지하철 옥외 광고부터, 삼성역 코엑스에 전면 광고까지 진행해, 갓생기획을 알리기 위해 많은 노력을 했다. 이처럼 브랜드가 탄생했을 때는 콘텐츠에 들이는 정성도 너무나 중요하지만, 마케팅과 홍보도 수반돼야 브랜드 인지도에 속도가 붙을 수 있다.

인스타그램은 완전히 제로 베이스에서 시작한 계정이었기에 기존 GS25 인스타그램 계정에서 유저를 유입시킬 수 있도록 콘텐츠를 기획했다. 처음에는 GS25의 인스타그램에 갓생기획을 소개하는 방식이었고, 이후 팔로워가 조금씩 늘자 갓생기획의 페르소나를 보다 적극적으로 드러냈다. 인스타그램 바닥글 하나를 쓸 때도 '열정 가득한 신입 김네넵'의 페르소나가 묻어나게 작성했다. 기업의 계정이라기보다는 실제 김네넵이 운영하는 계정처럼 느껴지게 만들어 고객과의 친밀감을 높인 것이다.

시즌 2로 세계관이 넘어가면서, 브랜딩에 보다 집중하고 콘텐츠 결에도 변화를 줬다. 시즌 1에서는 열정적인 신입 느낌을 쳤다면, 시즌 2에서는 할 말 하는 당돌한 직장인 느낌을 주고 싶었다. 시즌 2 모델은 많은 후보 중에서 단연 눈에 들어오는 두 사람, 가수 겸 방송인인 딘딘과 걸그룹 '프로미스나인'의 노지선으로 정했다. 딘딘은 여러 예능에서 시원하게 할 말 하는 이미지를 보여줬고, 노지선 역시 똑부러지는 입담으로 인기를 끌고 있었다. 두 사람의 이런 이미지가 갓생기획 시즌 2에 최적화돼 있었다. 시즌 1과는 달리 시즌 2는 제작진이 주는 미션을 수행하며 갓생에 대해 배워보는 방향으로 진행했는데, 구독자들이 콘텐츠 내용 자체를 흥미로워했다. 갓생 사는 사람들이 출연해 이야기를 나누거나, '이 또한 갓생'이라는 슬로건에 충실한 참여형 콘텐츠 등 시즌 1보다 주제를 다양하게 가져가 공감대를 형성했다.

유튜브에서 특히 큰 공감을 유도했던 콘텐츠는 '사무실에서 무선 이어폰 끼기 논쟁'이었다. 그 당시, 깻잎 논쟁과 더불어 SNS에서 뜨거운 찬반 논쟁이 있었기에 바로 유튜브에 적용했더니, 콘텐츠 자체적으로 바이럴이 될 정도로 큰 인기를 끌었다. 이 논쟁은 1년 뒤에 쿠팡플레이의 SNL코리아 시즌 3의 코너 'MZ오피스'에서도 다시 대두될 만큼 흥미로운 소재였는데, 우리가 빠르게 콘텐츠로 적용했다는 점에서 더욱 애정이 간다.

인스타그램도 마찬가지로 페르소나를 조정했다. 한때 신입이었지만, 이제는 머리가 조금 자란 n년 차 직장인 김네넵으로 설정해 시즌 1보다 공감대를 높였다. 이때 새로 개발한 무무씨도 적극적으로 활용했다. 갓생기획이 상당히 인지도가 형성되고, 팔로워도 늘어나서 상품 외에 다양한 시도를 할 수 있었다.

갓생기획으로 즐거운 시도를 많이 한 덕분에 갓생기획 유튜브는 무려 660만의 누적 조회수를 달성했지만 모든 시도가 순탄하지만은 않았다. 거의 대부분의 콘텐츠가 그렇겠지만, 갓생기획 시즌 1은 특히 일정상의 어려움이 컸다. 갓생기획 콘텐츠 특성상 상품이 주제가 되는 영상이 대다수였는데, 상품 출시, 콘텐츠 기획/촬영, 콘텐츠 업로드 일정이 모두 맞물려서 운영돼야 한다는 난관이 있었기 때문이다. 하나의 상품이 만들어지기까지는 굉장히 많은 세부 과정이 필요한데 이 과정들 하나하나가 조금씩만 뒤로 밀려도 결국 상품 출시 일정 변경이 불가피해진다. 기존에는 상품 일정에 맞춰서 콘텐츠를 유동적으로 조율할 수 있었지만, 갓생기획 상품은 정해져 있는데 업로드 주기는 일정해서 이를 맞추기 위해 모두가 발로 뛰어야 했다. 촬영날에도 상품 샘플마저 나오지 않는 등 변수가 굉장히 많았기에 늘 긴장 상태로 지낼 수밖에 없었다.

갓생기획 유튜브는 시즌성으로 운영돼 12회를 끝으로 시즌 2가 마무리됐지만, 자율도가 좀 더 높은 인스타그램은 계속 운영하고 있다. 최근에는 무무씨에 대한 고객의 니즈가 커지면서 무무씨를 활용한 이미지를 지속적으로 개발해 업로드하고 있다. 매월 초 달력 배경화면을 무료로 배포하거나, 시즌성에 맞는 무무씨 콘텐츠를 올리고 있는데 점점 팬층이 두터워지고 있다.

심지어 인스타그램에 올라온 무무씨 이미지를 메신저에 활용하는 사람들도 많아지고 있다. 이 기세를 몰아 디지털 굿즈 아이디어를 내거나, 직접 캡쳐해 사용할 수 있는 무무씨 이미지를 주기적으로 개발해 열심히 노를 젓고 있다. (무무씨가 잔망루피가 되는 그날까지 파이팅!)

무무씨
인스타그램
콘텐츠

04

사내 수공업의
피, 땀, 눈물

우리 굿즈는
우리가 만들어봅시다

인스타그램과 유튜브 외에도 갓생기획 세계관을 활용해 고객과 소통하기 위해 노력하는데, 그중 하나가 '도무송 스티커'다. 여기서 도무송은 인쇄기 이름 톰슨thomseom이 일본식 발음에서 변형된 단어로, 도무송 스티커는 원하는 모양의 윤곽선에 칼선을 넣는 방식으로 제작된 스티커다. 노트북이나 태블릿에 붙이는 스티커를 생각하면 된다.

갓생기획 시즌 2 세계관을 만든 후, 어떻게 하면 재미있게 '이 또한 갓생'을 표현할 수 있을지 고민을 많이 했다. 그렇게 인스타그램 피드를 뒤적거리고 있는데, 당시 대충 그린 듯하지만 은근히 귀여우면서, 매력적인 문구가 쓰여 있는 최고심, 누누씨와 같은 작가들의 그림들이 대세였다. 갓생기획 멤버들만 해도 그 작가들의 그림으로 만든 이모티콘을 하나씩은 갖고 있었으니까 말이다. 설렁설렁 그린 느낌이었지만 왠지 모르게 갖고 싶은, 볼수록 매력 있는 그림들이었다. 우리 갓생기획도 이런 스티커 하나씩 만들어서 고객에게 나눠주는 게 어떨까 싶었다. 갓생기획 세계관을 구구절절 이야기하기보다는 이런 강렬한 그림과 멘트 하나하나가 갓생기획의 정체성을 바로 보여줄 수 있을 것 같았다.

굿즈용 스티커의 요모조모

핸드폰 메모장에 아이디어로 '도무송 스티커 만들기'라고 적어 놓고 이것저것 찾아보기 시작했다. 어디나 스티커 덕후가 한 명씩은 있기 마련이기에 사무실을 한 바퀴 돌아다니니 재치 있는 도무송 스티커가 다수 포착됐다. 더 많은 레퍼런스를 모으고 싶어서 이것저것 알아보다가 《돈패닉 서울》이라는 존재를 알게 됐다. 《돈패닉》은 영국 브리스톨에서 시작된 종합컬쳐 매거진인데, 2015년부터 한국에서도 《돈패닉 서울》이 발간되기 시작했다. 이 매거진은 매월 초 전국 각지에 무료로 배포된다. 힙한 종이 봉투에 스티커, 엽서, 리플릿들을 가득 채워 배포하는데 이 시대의 힙을 몽땅 담은 느낌이었다. 하지만 배포지가 한정돼 있고, 인기도 많은 편이라 근처에 배포지가 없으면 얻기 까다로운 편이다. 갓생기획의 트렌드세터가 스티커 여행을 자처했다. 《돈패닉 서울》 외에도 대한민국 힙한 스티커는 몽땅 긁어 오고야 말겠다는 선언을 했고, 그의 (원래 팀) 팀장님 역시 쿨하게 오케이하셨다. 역삼역에서 강 건너 저 멀리로 떠난 그는 《돈패닉 서울》과 수많은 스티커를 훈장처럼 들고 왔다. 힙한 문물에 회의실은 문전성시가 됐다. 마치 주말의 플리마켓과 같은 풍경이 펼쳐졌다. 세상 힙한 아이템에 잠시 눈길을 빼앗겼지만, 생각보다 인사이트가 떠오르지 않았다. 어쨌든 우리에게 스티커는 이만큼이나 있고, 그냥 만들면 되겠구나 싶었다.

1. '이 또한 갓생'이라는 콘셉트에 맞는 카피와 대충 그린 디자인
2. 문구와 디자인이 재미있을 것
3. 고객이 자신의 아이템에 부착하고 싶을 것

이 세 가지 헐렁한 조건을 만들고 디자인팀을 찾아갔다. 콘셉트에 맞는 재미있는 카피들(이라고 쓰고 드립이라고 읽는다)을 개발해서 자유롭게 디자인을 해보자고 제안했다. 처음에는 카피 개발 후 적절한 디자인을 개발하는 것으로 이야기했지만, 어차피 위트 있는 시안은 카피와 디자인이 찰떡같이 맞을

...GOD.SAENG...
내일부터
갓생산다
...TOMORROW...

갓생? 외않 됀데?

가보자고

안되면
되는거
해라!

LUCKY ♣ LUCKY ♣ LUCKY ♣ LUCKY
나만 잘 되게 해주세요.
꼭 나만...☆★
Only me. Just me.
LUCKY ♣ LUCKY ♣ LUCKY ♣ LUCKY

왜요?제가 갓생사는
사람처럼 보이나요...?

하마터면
갓생 살 뻔했다!

MIRACLE
MORNING

때
건
치
까?
!

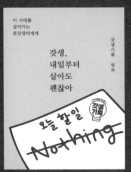

갓생
풀매수

갓생갈겨

BREAKING ·LIVE
NEWS
갓생? 안삽니다.

오늘 할일

- ☑ 깔끔하게 숨쉬기
- ☐ 깜찍하게 밥먹기
- ☐ 귀엽게 잠자기

왜요? 제가

"갓생"사는
사람처럼 보이나요?

갓생..

갓생 달려~♡

당신의 성격 유형은 :
아가리 갓생러
LETS-GET IT

갓생 가보자고! 해보자고!

생각하지
맙시다

★ 신장개업!! 365일 24시간 연중무휴 운영 ★
**GRAND
OPEN 갓생**
미라클모닝/자기계발/운동/독서/체팩토리스트/투두리스트 이 모든것을 책임!!

갓생
#404 Page Not Found

갓 생 !
놀라운 효능

알칼리성무균물
당노 성인병 고3 수험생
면역력증진

"오히려 좋아"

그동안의 성원에 감사드립니다
갓생폐업
의지 · 용기 · 미라클 모닝 · 계획 · 희망 등 원가 이하!!

세
상
아
덤
벼
라
나
는
항
복

도무송 스티커

때 탄생하기에 각자 개발해보기로 했다. 고급 인력에게 대충 그린 듯한 그림을 요청하는 것은 오히려 어려운 일이었는데 흥미로운 업무에 모두 재미있게 참여했다. '갓생 부적', '갓생 폐업', '안 되면 되는 거 하자'와 같은 센스 있는 시안들이 많이 나왔다. 이 시안들을 잔뜩 모아, 일명 '프로듀스티커101'을 진행했고, 치열한 경쟁 끝에 27종의 최종안을 뽑았다.

이 스티커들은 디자인팀이 직접 발주해서 팝업 스토어 인스타그램 이벤트에 사용했다. 갓생기획 인스타그램을 팔로우하면 3~5개씩 증정했는데, 생각보다 인기가 엄청났다. 최소 발주 수량 때문에 꽤 많은 양을 발주했는데(심지어 스티커 종류가 많아서 각각 최소 발주 수량으로만 헤아려도 어마무시한 양이었다), 팝업 스토어 중간에 동난 스티커도 있었다. 특히 인기 있었던 스티커는 '왜요, 제가 갓생 사는 사람처럼 보이나요?', '당신의 MBTI는 아가리 갓생러'였다. 고객뿐만 아니라, 회사 직원들의 노트북과 사원증에도 종종 스티커가 붙어 있는 게 포착됐다. 그 이후에도 갓생기획 스티커 판매 문의가 종종 들어왔지만, 이 모든 것이 사내 수공업으로 이루어졌기에 스티커 자체를 추가 발주하는 데에는 무리가 있었다. 스티커 요청이 계속 온다면 디지털 굿즈로 만들어보려 한다.

갓생기획의 세계관은 대체로 글로 표현됐지만, 고객들은 한 번 보고 바로 이해할 수 있는 직관적인 면을 선호한다. 특히 보여주는 것이 중요한 팝업 스토어에서는 더욱 그렇다. 이럴 때 스티커와 같은 작은 요소들이 빛을 발한다. 재미있고 직관적이면서도 갓생기획의 메시지를 관통할 수 있는 아이템인 셈이다. 게다가 스티커란 받는 순간 어디든 붙이고 싶어지기 때문에 의외로 엄청난 확산 효과도 있다. 갓생기획 멤버 중 한 명은 어느 날 아파트 상가 게시판에 갓생기획 스티커가 붙어 있는 것을 발견했다고도 한다.

브랜드에서 자체적으로 자사 로고나 상품을 스티커로 제작해서 증정하는 경우가 많다. 브랜딩의 일환으로 브랜드 메시지를 재치 있고 쉽게 담아낸 스티커를 개발해보는 것도 추천한다. 어느 카페에 펼쳐져 있는 고객의 노트북 커버만큼 효과적이고 자연스러운 광고판은 없다. 물론 제작 전에 가장 먼저 할 것은 그 스티커가 내 노트북에 붙이고 싶은 디자인과 메시지를 담고 있는지 고민하는 것이다. 가슴에 손을 얹고 '내가 고객이라면 내 노트북에 이 스티커를 붙이고 싶을까?' 생각해본 후, 카피나 디자인을 좀 더 재미있고 힙하게 만들어보자. 노트북 단골 스티커인 '슈프림', '나이키'같이 쿨하고 힙한 브랜드 로고나 귀여운 캐릭터 사이에 우리 브랜드 스티커가 붙는다는 건 생각만으로 설레는 일이니까!

세계관을 압축시킨 다이어리 기획

'갓생' 하면 가장 먼저 생각나는 아이템이 뭘까? 제각기 다르겠지만, 우리가 공통적으로 꾸준히 이야기한 것은 다이어리였다. 갓생러의 필수템, 다이어리. 요즘은 아날로그 다이어리 외에도 디지털 속지가 많이 나오고 있지만, 아무래도 종이 다이어리 없는 갓생은 상상이 안 간다. 심지어 말로만 갓생 사는 갓생기획 멤버조차도 다이어리를 쓰고 있었다(비록 간헐적으로 살아 숨 쉬는 옅은 의지였지만). 다이어리는 갓생기획을 관통하는 아이템 그 자체다.

시즌 1 때는 다이어리 대신 일력을 만들어보고 싶었다. 스티커와 마찬가지로 갓생기획을 가장 잘 표현할 수 있는 요소가 될 수 있을 것 같았다. '찐 갓생러'들에게는 별일 아니겠지만, 생각보다 매일 일력을 찢는 것도 작고 귀여운 의지가 필요하다. 귀찮다고 그냥 있다가는 월 단위를 뚝딱 찢어버려야 하는 불상사도 생기기 때문이다. 하지만 일력을 만들려면 생각보다 엄청난 공이 필요하다. 365개의 그림과 짧은 글, 그리고 충분한 시간이 있어야 한다. 초여름에 시작한 갓생기획 시즌 1은 상품 아이디어 기획과 운영에 많이 힘썼기 때문에 일력은 터무니 없는 일정이었다. 반면, 시즌 2는 브랜딩 활동이 늘어나 굿즈를 기획할 기회가 종종 생겼다. 이때 다시 다이어리 이야기가 나왔다.

조금 망설였지만, 갓생기획에는 든든한 다이어리 MD도 있었기에 한번 해볼만 하겠다는 생각도 들었다. 게다가 이미 사내 수공업으로 많은 굿즈도 만들었던 우리였기에 가능하다고 생각했다. 다이어리 기획, 제작 경험은 물론 전혀 없었지만, 이 또한 갓생이라고 생각하며 도전했다. 갓생의 정체성을 가장 잘 보여주는 소품이 다이어리인데 이 매력적인 아이템을 거부하기 힘들었기 때문이다.

가장 큰 목표는 갓생기획의 세계관을 다이어리에 담는 것이었다. 다이어리만 봐도 갓생을 살겠다는 의지와 작심삼일의 위트가 함께 녹아 있기를 바랐다. 대부분의 다이어리가 일러스트에 차별점을 둔 경우는 많지만, 이 두 가지를 모두 담아 내려면 기획이 필요했다. 일반 다이어리와는 달라야 했다. 우리 모두 다이어리 기획이 처음이었지만 해보겠다고 했다. 잠시 시즌 1의 열정둥이 신입 김네넵의 영혼이 빙의된 게 틀

림없었다. 회사 근처 대형서점에서 다이어리를 뒤적거리고, 유튜브나 인스타그램에서 '다꾸(다이어리 꾸미기)'한다는 계정을 모아 회의를 했다(갓생기획은 '다이어리를 끝까지 제대로 써 본 기억이 없는 사람들의 모임'이었기에 모종의 회의가 필요했다).

다이어리의 세부 타깃은 갓생기획 기존 타깃보다 좀 더 낮게 잡았다. 다이어리에 일정뿐만 아니라, 갓생에 대한 이것저것을 끄적이는 사람이라면 크게 봐서 10대 중반에서 20대 중반 정도일 거라 생각했기 때문이다. 타깃을 좀 더 확장해 더 심플한 톤으로 잡을 수도 있었지만, 그런 심플한 다이어리는 이미 수많은 업체에서 더 잘 나오고 있었다. 다이어리만큼은 더 많은 타깃에게 어필하는 것보다 갓생기획의 메시지가 뾰족하게 전달되는 아이템이길 바랐다.

다이어리의 전반적인 비주얼 콘셉트는 무무씨로 잡았다. 무무씨의 심드렁한 표정에 문구를 이것저것 넣어 페이지마다 귀여움을 주기로 했다. 귀여운 건 최강이니까. 그러면 한 글자라도 더 쓰고 싶어지니까. 첫 장에는 버킷리스트를 넣었다. 이것저것 가득 써 두었지만, 몇 개 체크되지 않은 버킷리스트가 갓생기획의 세계관을 가장 직접적으로 보여주는 소재이므로 가장 중요한 첫 장에 배치했다(물론 버킷리스트를 다 이루면 가장 훌륭하겠지만). 위클리와 데일리란에는 무무씨와 다양한 갓생 문구를 배치했다. 뒷부분에는 영화, 음악, 도서, 해빗 트래커(습관을 기록하는 용도) 등을 배치했다. 여기엔 일상을 기록하며 일년을 풍성하게 사는 '갓생'을 이루길 바라는 마음이 담겨 있다. 마지막으로 '연말정산'을 추가했다. 연말정산은 연말에 한 해를 돌아보는 리스트인데, '올해의 음식', '올해의 멋졌어' 등을 스스로 뽑아서 적어 보는 형태다. 몇 년 전부터 연말 SNS에 많이 올라오는 형태로 연말 시상식처럼 뭐가 됐든 자신의 한 해를 축하해준다는 점이 인상적이었다.

이것저것 콘텐츠를 많이 넣었지만, 사실상 갓생기획을 관통하는 콘텐츠는 '버킷리스트'와 '연말정산'이다. 갓생기획 설명처럼 다짐만으로도 멋진 내가 버킷리스트고, 최선을 다한 한 해를 살아낸 나에게 박수 쳐주는 게 연말정산인 셈이다. 속지에 갓생기획을 꾹꾹 담아내고, 표지는 깔끔한 무무씨 컬러로 뽑았다. 카피는 'Keep Going'과 'Good Enough'로 개발했다. 최선을 다하는 '나름의 갓생'에 대한 메시지다.

수정에 수정을 거쳐 한 계절을 꼬박 보내고, 인쇄소에서 큼큼한 잉크 냄새를 몇 번 맡고 나서야 다이어리가 완성됐다. 다이어리 가름끈부터 색지 컬러, 다이어리를 펼칠 때 어떻게 펼쳐지는 게 좋을지까지. 뭔가를 만든다는 것은 수많은 결정

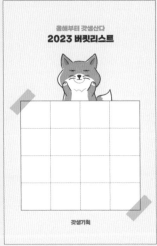

올해부터 갓생산다
2023 버킷리스트

갓생기획

올해도 갓생살았다
나만의 연말결산

01 올해의 _____

02 올해의 _____

03 올해의 _____

04 올해의 _____

05 올해의 _____

06 올해의 _____

07 올해의 _____

08 올해의 _____

09 올해의 _____

10 올해의 _____

TOTAL : ☆☆☆☆☆

☐ 제일 행복해   ☐ 사랑스러움   ☐ 최고였어

갓생기획

다이어리 내지

다이어리 표지

을 해 나가야 한다는 사실을 알게 됐다. 다이어리가 나왔을 때 그 어떤 굿즈가 나왔을 때보다 기뻤다. 갓생기획의 세계관이 하나로 압축돼 우리에게 찾아온 것 같았다.

올해 다이어리를 펼치면서 이번에는 '찐 갓생러'가 되고야 말겠다고 했지만 벌써부터 희끗희끗한 다이어리가 보이는 건 기분 탓일까. 하지만 갓생기획에서 이것저것 하면서 어렴풋이 깨달은 게 있다. 우리 스스로 입으로만 갓생 산다고 하지만, 사실은 엄청 열심히 갓생 살고 있는 게 아닐까. 갓생의 기대치가 너무 높은 건 아닐까 하는 생각이 슬며시 들었다. 이미 일상에서 우리 모두 이것저것 해내고 있을지도 모른다.

세계관을 구축하는 일은 집을 짓는 것과 비슷하다. 뼈대를 튼튼하게 짓고, 공간을 나누고, 가구를 배치하는 과정. 이 모든 것들이 차츰차츰 맞춰지면, 서랍에 이것저것 보관하고, 방을 꾸미는 것과 마찬가지다. 세계관을 어느 정도 노출할 것인지도 역시 집주인 마음이다. 미니멀리스트는 필요한 가구만 꼭꼭 채울 것이고, 맥시멀리스트는 아기자기한 소품으로 채워나갈 것이다(참고로 갓생기획은 맥시멀리스트의 세계관에 가까운 것 같다). 우리 브랜드에는 어떤 세계관이 가장 효율적인지 생각해 보고, 자유롭고 재미나게 만들어나가길 바란다.

갓생기획의 페르소나인 네넵이는 우리의 친구를 묘사한 것만큼 구체적이다. 실제 네넵이와 같이 INFP인 카피라이터가 세계관을 잡았는데 이전 직장에서의 글쓰기, 학창 시절의 덕질이 크게 도움됐다고 한다. 배우들이 자신의 캐릭터를 분석하는 영상도 참고했다고 한다. 우리는 세밀하게 세계관을 잡아 나간 그의 노트를 훔쳐보기로 했다.

	갓생기획 시즌 1	갓생기획 시즌 2
타깃	갓생 사는 '찐 갓생러'	말로만 갓생 사는 '아가리 갓생러'
페르소나	신입 김네넵	n년 차 김네넵 & 무무씨
고객 소통 메시지	열정 가득한 신입 느낌으로 소통	슬로건 : 이 또한 갓생
갓생기획 설명	신상기획팀 '갓생' 사는 신입 MD들이 모여 인생템을 기획하는 신개념 상품 개발 프로젝트	세상의 모든 갓생러를 위해 갓생러가 직접 상품을 개발하는 프로젝트

Story 1 : 김네넵

    갓생기획의 탄생부터 함께한 김네넵. 그에게 꽤 진심이었기에 시즌 2 팝업 스토어 시작 전, 세계관을 확장시키면서 상당히 구체적으로 캐릭터를 잡았다. 인물을 잡을 때는 이전 직장에서 브랜드필름 스토리라인을 잡던 게 도움이 많이 됐다(이걸 여기서 써먹게 되다니). 당시 스토리라인을 잡을 때는 호흡이 다소 긴 영상의 경우 주인공을 설정하고, 약간의 상상력을 넣어 주인공의 입장이 되어 보는 연습을 많이 했다. 김네넵의 경우 영상화가 된 것은 아니었지만, 인물을 구체화한다는 점에서 비슷했다.

    개인마다 세계관을 구축하는 방식은 다르겠지만, 어떤 인물의 세계관을 만드는 건 시력 검사를 하는 것과 비슷하다. 안과에서 시력 검사를 하면, 초록색 벌판에 열기구가 동동 떠 있는 그림을 보여준다. 처음에는 흐릿한 뭉치로 보이지만, 점점 또렷하게 보이며 조정해준다. 마찬가지로 세계관도 전반적인 설정, 즉 흐릿한 뭉치가 필요하다. 갓생기획의 그 뭉치는 '갓생 사는 갓생러들의 회사', '말로만 갓생 사는 사람들의 집합체'다. 다음은 인물의 정말 기본적인 정보들. 이를테면, n년 차 직장인 김네넵, '미련도 걱정도 없는 뭐래여우 무무씨'. 기본적인 틀이 만들어지면, 인물에 상황을 대입해서 상상해보는 것이다. 이런 것들이 모이고 모여 하나하나 또렷하게 맞춰 간다.

세계관의 설정, 인물 특징 중 어떤 요소를 먼저 잡아 나갈지는 중요하지 않다. 좀 더 매력적인 포인트를 먼저 발전시키면 된다. 다만, 이 세계관이 단순히 재미를 위한 것이 아니라면? 브랜드의 중심을 잃지 않는 것이 가장 중요하다. 즉, 브랜드 세계관에 지나치게 몰입해 우리의 브랜드 특징과 상품들과 너무 동떨어지지 않아야 한다. 종종 재미있는 광고 영상을 한참 보고 난 후 '그래서 이게 무슨 광고였지?' 하는 경우처럼 말이다.

팝업 스토어 공간 세부 기획 때는 더 구체적인 세계관이 필요해서('네넵이의 방'을 알차게 채우려면 네넵이에 대한 정보가 굉장히 풍성해야 했다), 중간중간 배우들이 캐릭터 분석하는 영상도 가볍게 참고했다. 학창 시절부터 드라마를 사랑했기에 배우들이 자신의 캐릭터를 분석하는 영상을 보는 것을 좋아했다. 이런 분석 영상에는 공통된 특징이 있다. 바로 자신이 직접 그 캐릭터가 되어, 끊임없이 질문을 던지는 것이다. 예를 들어, '네넵이는 일할 때 무슨 생각을 할까?', '앞에서 할 말은 하는 애일까?', '업무가 과하게 쌓인 상황에선 어떻게 행동할까?', '집에 와서 많이 후회하는 애일까?' 이런 질문들. 덕질로 쌓아 올린 경험이었지만 의외로 이런 질문들이 김네넵을 잡아가는 데 큰 도움이 됐다. 세계관을 짤 때 막힌다면, 스스로가 그 대상이 되어 여러 질문을 던져 보는 것을 추천한다.

Story 2 : 무무씨

  네넵이의 세계관이 어느 정도 구체화된 이후에는 무무씨 세계관을 잡았다. 단순히 귀여운 캐릭터보다는 무무씨 또한 메시지를 툭툭 던져주는 역할이면 좋겠다고 생각했다. 네넵이의 세계관을 중심에 두고 무무씨를 펼쳐 나갔다. 네넵이와 무무씨의 만남이 대표적인 예다. 어느 날, 동물에게 한없이 약한 INFP 김네넵이 길에서 스트릿 출신 길 여우, 무무씨를 마주친다. 단호한 무무씨에게 간택당한 네넵이는 고민 끝에 무무씨를 집에 데려온다. 이 둘은 반려동물과 주인(이라쓰고 집사라고 부른다)의 관계면서, 고객 소통 관점에서 보면 '상호 보완 관계'다. 고객은 말로만 갓생 사는 네넵이를 보면서 '나 같다'고 공감하고, 동질감에서 오는 위로를 받는다. '네넵이와 같은 사람들이 생각보다 많네', '내 일상도 그렇게 나쁘지만은 않네'와 같이 작지만 힘이 되는 위로들. 반면, 무무씨는 우리가 하고 싶은 이야기를 해준다. 차마 크게 말하지는 못하지만 일상에서 하고 싶었던 말들. '어쩌라고, 내 탓이냐', '피드백? 안 받습니다', '집에 가고 싶다' 같은 속마음.

  이처럼 김네넵과 무무씨를 상호 보완적인 세계관으로 설계했다는 것이 갓생기획 세계관의 가장 큰 특징이다. 김네넵에 자기 자신을 투영해 동질감에서 오는 위로를 받고, 무무씨의 무심한 문장들로 작은 통쾌함을 느낄 수 있다.

팝업 스토어의
기쁨과 슬픔

01

팝업 스토어는
처음이라

우리,

갓생기획실을 설립해보아요

갓생기획 시즌 2는 적극적인 브랜딩 활동을 하기로 했다. 세계관도 구축하고, 브랜딩 기획안도 22포인트로 큼직하게 적어서 보고했으니 뭐라도 할 수 있을 것만 같았다. 하지만 덩그러니 남겨진 건 안개 같은 선언뿐이었다. 여전히 SNS 콘텐츠를 기획하고, 도무송 스티커도 열심히 *끄적이면서도* 뭔가 큰 한 방이 필요했다. 갓생기획 멤버들은 탕비실에 옹기종기 모여 서로의 인스타그램 피드를 획획 넘기면서 이것저것 궁리하고 있었다.

그러다 요즘 '팝업 스토어'가 핫하다는 인사이트를 뽑아냈다. 무려 코시국 3년 차에 접어들면서, 사람들은 적응하기 시작했고, 오프라인 활동도 하나둘 생겨나는 추세였다. 팝업 스토어, 멋지고 좋아보였다. 하지만 우리같이 작은 브랜드가 가능할까. GS리테일은 대기업이지만 갓생기획은 뭐랄까, 세계관 그대로 회사 속 회사, 대기업 속에 작고 귀여운 스타트업 같았기 때문이다. 게다가 다들 재미있게 적극적으로 일하지만, TFT형식의 발령은 아니기에 마음 한구석에는 약간의 부담감도 있었다. 회사에서 우리의 8시간을 쪼개고 쪼개도 팝업 스토어를 할 여유는 나오지 않았다. 그렇게 강력한 한 방으로 유일하게 물망에 오른 팝업 스토어는 우리 선에서 흐지부지되는 것 같았다.

보고 없는 갓생기획이라 하지만, 모였다 하면 1시간은 훌쩍 수다를 떠는 인물들이기에 저마다 중간중간 가벼운 보고가 필요했다. 보고라기보다는 업무 공유에 가깝고, 업무 공유라기보다는 스몰 토크에 가까웠다. 그날도 갓생기획 멤버들이 각자 팀장님과 소통하는 시간을 갖기로 했다. 무슨 요일 언제 보고를 하자, 이런 룰은 없었지만 매주 우리가 어떤 이야기를 하고 있는지 각 팀장님께 말씀드리는 건 상호 간의 암묵적인 룰이었다.

별다른 이슈가 없는 한 갓생기획의 업무 공유는, 지하 2층 구내식당에서 배불리 밥을 먹고 올라오는 길에 진행된다. 그날은 성수동 시장 조사 일정을 보고드리는 것이 목적이었다.

"이번 주는 갓생기획 브랜딩 아이디어를 이것저것 냈습니다. 도무송 스티커는 진행 중이고, 요즘 팝업 스토어가 뜬다는 이야기도 나눴습니다."

"오, 팝업 스토어? 안 그래도 요즘 트렌드 리포트에 많이 나오던데."

"그래서 다음 주 중에 모여서 성수동으로 시장 조사를 가보려고요. 코시국 전용 인사이트를 얻을 수 있을 것 같습니다."

"근데, 우리도 팝업 스토어 같은 거 해보는 게 어떨까요? 갓생기획으로 팝업 스토어 열어 보는 거, 재미있을 것 같은데."

아뿔싸! 성수동으로 시장 조사를 간다고 하지 말았어야 했나? 머리를 싸매고 급하게 탕비실로 모인 멤버들. 저마다 '어떡하지', '이를 어쩐담' 하는 근심 어린 표정들이었다. 영락없이 서로 비슷한 코멘트를 듣고 온 것이다. 이곳저곳에서 팝업 스토어가 떠오르는 추세였고, 우리 눈에 힙해 보인 것처럼 팀장님들 눈에도 제법 트렌디해 보였던 것이다. 대중적인 트렌드를 보는 안목은 나이와는 무관하다는 사실을 다시 한번 깨달았다.

팝업 스토어, 탐나는 아이템이었지만 딱 봐도 고생길이 훤했다. 도전을 두려워하지 않는 MZ세대, 트렌드를 참지 않는 MZ세대라지만 사실은 우리도 그저 n년 차 직장인일 뿐이니까. 머리를 싸매고 팝업 스토어의 대안을 짜내기 시작했다.

트렌디하면서도 공수가 많이 들지 않고, 완전히 새로운 시도 말고 우리가 잘할 수 있는 것으로 말이다.

"그냥, 우리 해 봐요."

고단한 침묵을 깨고 누군가가 입을 열었다.

"사실 뭐… 팝업 스토어보다 더 좋은 대안도 없을 것 같고, 안 해 본 거라 은근히 재밌을 것 같아요."

하긴 팝업 스토어만큼 확실하고 규모감 있는 브랜딩은 딱히 떠오르지 않았다.

"맞아요. 그리고 요즘은 팝업 스토어도 의뢰하면 기획부터 다 해준다고 해요. 협업만 잘 되면 공수도 많이 들지 않을 거예요."

그때는 그럴 줄 알았다. 막상 우리가 A부터 Z까지 하게 될 줄은 꿈에도 몰랐다.

업계 최초로 팝업 스토어 도전하기

팝업 스토어를 아무도 해본 적 없는 사람들끼리 팝업 스토어를 진짜로 하게 됐다. 아니, 우리뿐만 아니라 팝업 스토어는 회사에서도, 편의점 업계에서도 첫 도전이었다. 어디서부터 어떻게 해야 할지는 전혀 감이 잡히지 않았지만, 하나는 알고 있었다.

'그래서 어디서 할 건데?'

장소를 정해야 한다. 우리가 비록 팝업 스토어의 'ㅍ'도 모르지만, 장소를 정해야, 크기도 가늠이 되고, 그래야 뭘 어떻게 채워 넣어야 할지도 가닥이 나온다는 것은 알았다. 탕비실에서 이야기한 '기획부터 다 해주는 곳'은 기회가 닿지 않았고, 오롯이 우리 힘으로 해야 할 미션이었다. 며칠 간은 어디부터 손대야 할지 몰라서 정신을 놓고 있다가 이내 정신을 차리고 장소부터 찾아보기 시작했다. 다행히 대체로 자그마한 곳들이라 조금만 힘내면 할 수 있을 것도 같았다.

하지만 장소마다 이러저러한 아쉬움들이 있었고, 보다 못한 팀장님들까지도 합세해 장소를 알아봐 주셨다. 그만큼 팝업 스토어는 모두가 기대하는 중요 프로젝트가 됐고, 그 마음들이 모아져 결국 기존 장소들의 아쉬운 포인트를 보완해주는 장소를 팀장님이 소개해주셨다. 무엇보다 GS25가 바로 코앞에 떡 하니 있어 금상첨화였다.

장소는 힙플레이스의 성지, 성수에 있는 '갤러리 더봄'이었다. 요즘에는 명실상부 팝업 스토어 장소가 됐지만, 그 당시만 해도 본격적인 팝업 스토어는 진행해보지 않은 곳이었다.

그렇게 그곳이 우리의 팝업 스토어가 됐다.

하지만 그곳은 (실무자에게) 치명적인 맹점이 있었다. 바로 기획해야 할 공간이 굉장히 많았다는 것. 크게 나누면 큰 나무가 있는 테라스와 문을 열고 들어가면 큰 공간이 하나, 좁은 통로가 하나, 대형 거울로 둘러싸인 공간 하나, 밖으로 나서면 별도의 방이 하나 더 있었다. 우리는 이 꼬불꼬불하고 복잡한 공간을 무려 다섯 개나 기획해야 했다. 자그마한 장소를 알아보며 약간의 자신감을 충전하고 있었는데, 작고 귀여운 서로 다른 공간을 다섯 개나 채워야 했다. 우리는 그 공간을 실제로 방문한 날, 아득한 앞날을 잠깐 마주했다.

갤러리 더봄 현장 조사

팝업 스토어가 낳은 트렌드 광인, 엠지렐라

팝업 스토어를 다섯 개나 되는 공간으로 표현할 생각은 추호도 없었다. 다른 브랜드에서 여는 작은 사각형 모양의 팝업 스토어를 생각했었다. 그마저도 안 될 것 같아 제안하지 않았는데, 거대한 모과나무에 둘러싸인 주황색 공간이라니. 게다가 갓생기획 멤버 대다수는 집 하나도, 아니 자신들 방 하나도 제대로 꾸며 본 적이 없는 극단적 미니멀리스트였다. 그런데 우리가 저길 어떻게 다 채운단 말인가!

도면을 펼쳐 놓는다고 답이 나올 리가 만무하다. 뭐라도 해야 했다. 작고 귀여운 정사각형 공간에 대한 미련은 버리고 다섯 개의 공간에 어떤 콘텐츠를 어떻게 채워 넣을지가 관건이었다. 이제 방구석 트렌드세터는 그만두고, 발로 뛰는 스파르타 시장 조사가 필요했다. 평소에도 우리는 시장 조사를 종종 갔지만, 엉덩이가 무거운 나날이 쌓여가며 인스타그램 북마크만 늘어나던 참이었다. MZ세대라는 단어에 지나치게 집착하면, 결국 아무것도 나오지 않는다는 것을 갓생기획 초반에 이미 깨달았으니, 짧고 굵게 'MZ 광인'이 돼야 했다. 자연스러운 트렌드 캐칭이 아닌, 바로 몰입식 트렌드 조사.

서울의 온갖 핫하다는 공간은 모두 돌아다녀 보기로 했다.

팝업 스토어, 전시회, 거대한 인형이 있다는 호수까지. 어느 날은 열두 개 장소를 돌았다. 구경하고, 찍고, 챙기고(굿즈, 리플릿 등), 체험하는 것을 반복하다 보니 어느새 MZ세대에 미쳐 있는 사람이 돼버렸다. 우리는 주말에 친구를 만나다가도 뭔가 신박한 것이 있다 싶으면 나사 빠진 사람처럼 연신 사진을 찍어댔다. 친구들은 혀를 내둘렀다. 그렇게 팝업 스토어가 낳은 트렌드 광인, 이른바 엠지MZ렐라가 탄생한 것이다(신데렐라, 엄지렐라 아님 주의).

엠지렐라의 활동이 그저 트렌드 수집가에 그친 것은 아니었다. 누군가는 친구랑 떡볶이를 먹으러 간 합정에서 영수증 사진기를 보고, 팝업 스토어에 영수증 사진기를 들여왔고, 누군가는 수많은 팝업 스토어와 핫 플레이스에서 콘텐츠와 굿즈 아이디어를 얻어왔다. 특히 영수증 사진기는 지글지글한 화질도 특이하고 폴라로이드 사진처럼 하단에 기록할 수 있는 공간도 있어 매력적인 아이템이었다. 마침 우리의 팝업 스토어에 '인생네컷'을 넣는 게 어떻겠냐는 이야기가 오갔던 시점이라 큰 공간을 차지하지 않는 영수증 사진기는 발로 뛰지 않으면 경험할 수 없는 귀한 수확이었다.

엠지렐라 활동은 팝업 스토어 준비 기간 중 가장 시간을 많이 할애하고 도움이 됐던 과정이었다. 꼭 팝업 스토어가 아니더라도 마찬가지다. 인풋이 충분해야 아웃풋이 나오기 마련이다. 하지만 인풋을 쌓기 위해 매사 촉각을 곤두세우며 다닐 필요는 없다고 생각한다. 떡볶이를 먹으러 간 날에 우연히 영감을 얻은 것처럼 아이디어는 정말 예상치 못한 곳에서 오기 때문이다. 중요한 것은 관심이다.

마침내 채워진 다섯 개의 이야기

3월의 끄트머리쯤, 아무튼 기획을 시작해보기로 했다. 우리에겐 제대로된 도면도 없었기에 카피라이터가 ppt로 한 땀 한 땀 공간을 그리기 시작했다. 여간 산만한 공간이 아니었다. 멀뚱멀뚱 모니터만 바라본다고 답이 나올 리가 만무했다. 한참을 바라보고 내린 결론은 다음과 같다.

1. 공간별 스토리가 있을 것
2. 공감 요소를 넣을 것

공간이 다양해서 스토리가 이어지지 않으면 뚝뚝 끊길 것 같아 스토리텔링은 꼭 필요하다고 생각했다. 갓생기획의 세계관을 구체화한 시점도 이때였다. 동시에 '우리 이런 멋진 것들이 있어요!' 하는 것보다는 동시대 사람들에게 공감을 주자는 목표를 정했다. 스토리텔링은 당연히 세계관의 중심에 있는 '갓생기획의 김네넵'이었고, 인물과 공간이 있으니 필요한 건 '여기서 어떤 이야기를 할지 정하는 것'이었다. 이것을 스토리에 엮어야 한다면 '시간과 공간으로 엮어야 한다'고 생각했다. 이런 생각들을 정리해서 공간을 동선별로 기획해 '김네넵의 하루 일과: 출근부터 퇴근까지'를 보여주자는 결론에

다다랐고, 그것을 다섯 개의 공간으로 나눴다.

　출근해서 일하고, 탕비실에서 가끔 숨 돌리다가, 퇴근하는 일상. 퇴근하면서 오늘의 홧김 비용으로 세일 상품을 충동구매하고, '귀여운 건 못 참지!' 하면서 소소하게 또다시 소비하고, 집에 와서 대박도 꿈꾸다가 취미도 사부작거리는 일상이면 '이 또한 갓생' 아닐까? 기똥차게 갓생 살진 않아도, 그런 소소하게 성실한 일상을 보여주는 공간. '이것 봐, 요즘 이거 엄청 핫하지? MZ스럽지?' 하는 공감보다는 고객들이 하나하나 보면서 '김네넵, 제법 나같네' 하며 피식하는 공간. 말로만 '갓생, 갓생' 하면서 매일 허둥지둥 꿋꿋이 살아가는 김네넵을 보면서, '나만 이렇게 사는 게 아니네', '이런 일상도 나름 멋져' 하면서 작고 유쾌한 위로를 받는 공간이면 좋겠다 싶었다.

1. 갓생기획실

　　좋은 아침! 네넵이의 하루가 시작되는 이곳은 '갓생기획실'. 여기 갓생기획실에서는 다양한 상품을 개발하고 있는데요. '갓생러'라면 누구든지 자유롭게 자신의 아이디어를 펼칠 수 있어요. 요즘 인스타그램에서 뜨는 맛집,

팝업 스토어는 처음이라

177

성수동 힙플레이스 모두 소중한 영감이 될 수 있답니다.

아, 물론 맛있는 점심을 먹는 것도 갓생인 거 아시죠?

메인 공간은 사무실, '갓생기획실'로 잡았다. 갓생기획과 김 네넵의 정체성을 가장 잘 보여주는 공간이다. 그 공간에 최대 한 고객들이 경험을 많이 할 수 있게 무료 나눔 굿즈도 배치 하고, 점메추(점심메뉴추천)와 같은 고객 참여존도 마련했다. 중간중간 고객이 피식할 수 있는 '피식 포인트'(ex. 플랭크 회 의, 다이어리)들도 가볍게 넣어 두었다. 물론 갓생기획 상품을 자연스럽게 배치해두는 것도 잊지 않았다. 과자, 젤리와 같이 사무실에 녹아드는 상품들은 더 많이 활용했다. 자고로 사무 실의 유일한 낙은 서랍에 다람쥐처럼 모아둔 간식이니까.

2. 행복한 탕비실

회사의 낙은 역시 탕비실 아니겠습니까. 아침 점심에

커피 한 잔, 오후 3시 달콤한 간식 한 줌, 동료와 짬 내

서 즐기는 탕비실 수다는 왜 이렇게 재미있죠? 오늘 탕

비실에 편의점 신상 과자가 있다길래 점심 먹고 바로

달려 온 네넵이. 이게 바로 소소하지만 확실한 행복이

갓생 살아라, 너는 그 뭐냐... 그거다

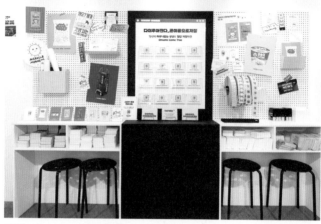

갓생기획실

죠. 소확행은 언제나 환영이지만 '소확횡(소소하지만 확

실한 횡령)'은 안 되는 거 아시죠? 욕심은 금물이랍니다.

탕비실은 갓생기획 상품을 적극적으로 노출하는 공간이다. 이 공간은 실제로 작은 카운터 형태라서 탕비실이라는 콘셉트와 잘 맞았다. 탕비실 콘셉트 덕에 상품도 꽤 자연스럽게 노출할 수 있었다. 스토리텔링 위주의 콘셉트에서는 이렇게 상품을 노출하는 게 어려운 포인트인데, 이 장소가 한몫 톡톡히 했다. 하지만 상품만 노출하는 경우, 쉽게 지나칠 수 있기 때문에 여기에 도무송 스티커 이벤트존을 만들어 고객 체류 시간을 높였다. 이벤트에 참여하고 대기하면서, 자연스럽게 상품을 구경할 수 있게 설계한 것이다.

3. 퇴근길 방앗간

드디어 퇴근입니다. 오늘도 수고했어요. 이제 집에 가

고 싶지만, 참새가 방앗간 못 지나치죠. 생각해 보니 오

늘 너무 열일했어요. 기특한 나 자신을 위해 작은 선물

정도는 괜찮잖아요. 이것도 저것도 귀여운 걸요. 작고

귀여운 거 네넵이는 못 참지! 귀여운 것도 잔뜩 보고 사

행복한 탕비실

회사의 낙은 역시 탕비실 아니겠습니까.
아침 점심에 커피 한 잔, 오후 3시 달콤한 과자 한 줌.
동료와 함 내서 즐기는 탕비실 수다는 왜 이렇게 재미있죠.
오늘 탕비실에 편의점 신상 과자가 있다그래 점심 먹고
바로 달려 온 네넵이. 이게 바로 소소하지만 확실한
행복이에요. 소확행을 언제나 환영이지만
'소확행/소소하지만 확실한 휴령'은 안 되는 거 아시죠?
욕심은 금물이랍니다.

진도 찍으니 어느새 집 앞이네요. 역시 퇴근 후 시간은 빨리 간다니까요.

굿즈존은 꽤 넓은 공간으로 처음부터 굿즈를 팔기로 정했지만, 동선 스토리텔링을 하기가 까다로웠다. 갑자기 굿즈를 판매하는 느낌이 들지 않게 스토리텔링/네이밍에 고민을 많이 했다. 그래서인지 이 공간 스토리가 풀렸을 때 가장 뿌듯했다. 굿즈존은 '참새가 방앗간을 못 지나친다'는 속담에서 착안해 '퇴근길 방앗간'이라는 스토리를 끌어왔다.

대한민국 직장인이라면 자신만의 '방앗간' 하나쯤은 품고 있을 것이다. 갓생기획 멤버 중 한 명은 날이 좋으면 버스 정류장까지 걸어가곤 하는데, 이때 그의 방앗간은 맥도날드다. 회사에서 너무 많은 에너지를 써버려 기력이 없는 날엔 홀린 듯이 들어가 아이스크림콘 하나를 먹고 오는 게 습관이 됐다고 한다. 다른 멤버는 화가 나는 날에 백화점 지하 1층 푸드 코너를 돌아다닌다고 한다. 애석하게도 그는 화가 많은 타입이라 풀 방구리에 쥐 드나들 듯 거의 매일 가는 것이 함정. 뭘 꼭 사지는 않아도 신기하게 온몸에 쌓인 분노를 여기저기 털고 오는 느낌이라고 한다. 이 굿즈존 역시 이런 네넵이만의 방앗간으로 봐주기를 바라는 마음에서 기획했다.

퇴근길 방앗간

4. 네넵이의 방

하루 종일 아늑한 집이 너무 보고 싶었어요. 여기는 네넵이의 상상이 현실이 되는 곳이에요. 방에서는 뭐든 꿈꿀 수 있으니까요. 퇴근 후 갓생 살기가 올해 목표라서 운동도 배워보고, 사이드 프로젝트도 이것저것 생각 중이에요. 물론 계속 생각만 하느라 그냥 취미 부자가 되어버리긴 했지만요. 퇴근 후 사부작사부작 뭔가를 시도하는 일상, 아주 기똥찬 갓생은 아니어도 뭐 이 또한 갓생 아니겠어요.

그럼, 오늘도 갓생 사느라 고생 많았어요 :-)

이 공간도 처음부터 네넵이의 방으로 생각해 두었다. 수고스럽게 나누어진 공간들 사이에서 홀로 네모 반듯하게 있는 이곳은 누가 봐도 방이었다. 다행히 콘셉트 정하기에도 수월했다. 물론 우리 모두 어떻게 꾸며야 할지 전혀 모르는 '귀찮은 미니멀리스트'였지만.

앞으로 해야 할 일이 더 많이 남았지만, 공간 콘셉트를 하나하나 정했더니 아주 조금 마음이 나아졌다. 이쯤해서 갓생

네넵이의 방

기획의 전반적인 세계관도 구체화됐다. 콘셉트도 있고, 세계
관도 구체화되고 무無의 상태에서 새싹 같은 가능성이 조금은
보이는 것 같았다. 물론 아주 조금.

02

디테일, 디테일,
그리고 디테일

잘되는 기획은
한 끗 차이

팝업 스토어는 생각 이상으로 챙길 것들이 많았다. 특히 기획부터 굿즈, 소품의 대부분을 사내 수공업으로 작업하다 보니 수많은 피, 땀, 눈물, 그리고 체력과 기억력이 필요했다. 후반부에는 비용부터, 공간 디자인, 소품, 굿즈, 타 팀과의 협업, 협력사 소통 등 관리할 사항들이 기하급수적으로 많아졌다. 기억력을 잠시 잃으면, 업무에 차질이 생길 것 같아 체력은 둘째 치고 언제나 예민해져 있었다.

이런 상황에서 공간 콘셉트부터 세계관까지 끄적끄적 뭔가를 계속 잡아 나가던 카피라이터는 또다시 모니터 앞에서 '생각하는 사람'이 됐던 건 세부 공간 기획 시점이었다. 아무리 유명한 인테리어 전문 플랫폼을 들락날락거려도 자신의 공간 지각력이 역부족이라 판단한 그는 멤버들을 회의실에 모아 세부 공간에 대해 이야기했다. 자타공인 자취 경력직인 디자이너들이 함께 공간 지각력을 끌어모은 덕분에 제법 든든한 회의가 됐다. 레퍼런스를 뚝딱뚝딱 가져와서 대화하다 보니 공간이 채워지기 시작했다. 포스터를 직접 가져오기도 하고, 새로운 소품을 제안하기도 했다. '책상은 이쪽 방향에 있으면 좋을 것 같다', '여기에 영수증 사진기가 있으면 좋겠다' 등의 이야기를 나눴다. 이것이 협업의 즐거움인가. 목공이니, 가벽이니, 도장이니 하는 생소한 이야기들로 가득했지만, 점점 팝업 스토어가 모습을 갖춰가기 시작했다.

갓생기획 구성원들과 다양한 의견을 나눈 후, 큼직큼직한 소품은 정확한 톤앤매너까지 정해졌고, 책상, 스케이트보드, 턴테이블, 소파 등은 협력사에서 마련해 주셨다. 그런데 채우면 채울수록 계속 부족해 보였다. 한때 우리 모두 미니멀리스트였지만, 왜 이렇게 부족해 보이는지 의문이었다. 즉각적으로 생각나는 소품들을 리스트업하고 직접 발로 뛰며 구하는 나날을 보냈다. 이러다가 당일까지 소품 구하는 거 아니냐는 우스갯소리도 종종 했다. (그리고 우스갯소리가 아니었다.)

소품을 활용해 네넵이의 방에 깨알 같은 디테일을 넣으려 노력했다. 예를 들어, 네넵이가 하고 싶은 이야기의 일부는 책을 통해 말하기도 했다. 네넵이의 캐릭터를 구체적으로 세운 덕분에 '네넵이라면 이런 책을 보고, 이런 걸 했을 것 같다'는 아이디어가 금방 나왔다. 사무실은 업무 관련 책을 뒀고, 서랍 속에 《누가 김부장을 죽였나》라는 책도 숨겨 두었다. 네넵이가 누군가를 죽이고 싶어 할 사람도 아니고, 실제로 죽이고 싶은 누군가를 마주한 적도 없다고 생각하지만, 고객들 중 누군가는 있지 않을까 하는 생각이 들었기 때문이다(놀랍게도 팝업 스토어 후기를 보니 그 생각이 맞았다). 그 밖에 네넵이의 꿈도 담았다. 생각만 하는 사이드 프로젝트, 벼락부자의 꿈, 인간관계에 대한 이야기, 네넵이가 읽는 책들 등 다들 네넵이가 되어 디테일을 한껏 살렸다.

디테일한 소품 중 구겨진 복권 용지도 고객들의 많은 공감을 얻었다. 네넵이의 책상이 뭔가 심심하지 않을까 하는 찰나에 누군가 전 직장 동료 이야기를 풀었다. 전 직장 동료는 매주 복권을 사며 일확천금의 꿈을 꿨다고 했다. 금요일 퇴근 때마다 '다음 주에 나를 찾지 말라'고 했지만, 월요일 아침이면 어김없이 모닝커피를 마시며 자신의 자리를 지키던 그 동료. 그러자 다른 멤버도 실제로 본인의 옆자리에 그런 인물이 있다며 이야기를 덧붙였다. 지나치게 구체적으로 묘사한 탓에 결국 자신이라는 것이 들통나긴 했지만, 그만큼 많은 직장인들은 복권을 사고 좌절하고 출근하는 일상을 반복한다는

복권 & 큐브 & 버킷리스트 빙고판 사진

것을 알 수 있었다. 그래서 우리는 복권 용지를 모으고 모아, 그 마음을 네넵이 방에 투영시켰다.

심지어 유명 여배우의 브이 라이브에서 아이디어를 몇 개 얻어 버킷리스트 빙고판과 큐브를 같이 비치하기도 했다. 인기리에 끝난 tvN드라마 〈스물다섯 스물하나〉에서 귀여운 씩 씩함을 보여준 여배우의 개인 브이 라이브에서 그녀가 연초마다 버킷리스트 빙고판을 만든다는 사실을 알게 됐다. 대체로 '다리 찢기'같이 소소한 목표인데 그런 것들을 버킷리스트 빙고판에 쓴다는 게 너무 귀여웠다. 다 함께 버킷리스트에 대해 이야기를 나누며, 네넵이네 방에도 이를 활용했다. 소소하지만 현실적이고, 은근히 지키기 힘든 것들. 동그라미를 쳤다가 엑스를 다시 치기를 반복한 버킷리스트는 아가리 갓생러 면모를 보여주기에 충분했다. 큐브도 마찬가지다. 브이 라이브에서 그녀가 힘들 때마다 소소한 취미를 즐기거나 작은 성취를 하며, 효능감을 얻는다는 이야기를 들었다. 그녀가 말하길 큐브도 삐걱삐걱 유튜브 보면서 맞추다 보면 어느새 완성하게 된다고 했는데, 왠지 모르게 믿음이 갔다. 이를 보고 갓생기획 카피라이터도 퇴근길에 큐브를 사서 유튜브를 보며 삐걱삐걱 맞추다 보니 어느새 큐브를 터득했다고 한다.

네넵이 역시 작은 성취가 필요하겠다 싶어 큐브를 놓아주었다. 열정을 잃어 뭐 하나 꾸준히 하지 못한 채 취미 부자가 돼버렸으니 말이다. 게다가 트렌드센터에서 말하길 큐브가 알파세대(2010년 이후 출생자)에게도 인기라 하니 못 참지! 큐브는 한 면만 맞춘 상태로 두었다. 뭔가 시도하는 것을 좋아하는 네넵이의 책상에 큐브 완성본은 어울리지 않았기 때문이다(그런데 팝업 스토어 중 큐브를 자꾸 맞춰서 올려 두는 귀여운 큐브 빌런들이 있었다. 그럴 때면 카피라이터가 종종 한달음에 가서 다시 한 면만 맞춰 두곤 했다. 한참을 그러다 이 귀여운 빌런들에게 지쳐버린 카피라이터는 이들을 한데 모아 같이 큐브 대결을 한 번 해야겠다고 중얼거렸다. 팝업 스토어 스트레스를 온전히 큐브로 해소했던 그는 이미 광기의 큐브왕이 되어버린 듯했다).

생각보다 아이디어는 알 수 없는 곳에서 튀어나온다. 특히 팝업 스토어처럼 모든 분야가 열려 있는 프로젝트에서는 더욱더 그러했다.

디테일은 언제나 중요하다

크고 작은 물건들이 공간의 의미와 세계관을 디테일하게 표현하고 있다면, 텍스트로 된 다양한 콘텐츠는 고객들에게 설명을 해주기 때문에 또 다른 의미가 있다. 이 또한 놓칠 수 없는 디테일의 한 부분이다.

1. 리플릿

리플릿에는 고객이 읽기 편하도록 최대한 간결한 내용이 들어가야 하는데, 해야 할 말은 많았지만 종이 크기가 정해져 있어서 줄이느라 애를 먹었다. 처음엔 리플릿에 우리의 세계관을 다 담지 못해 아쉬웠는데, 막상 현장에서 보니 그조차도 많아 보였다. 비좁은 현장에서 줄을 서면서 긴 리플릿을 다 읽기란 생각보다 쉽지 않았다. 이런 부분은 팝업 스토어 내 직원들의 도슨트로 보완했다.

성수 팝업 스토어 리플릿

매일 바뀌는 일력

2. 일력

일력은 첫 제안부터 있었던 소품 중 하나다. 휴무까지 합쳐서 총 24일이 담겨 있다. 일력은 단순히 날짜를 알려주는 역할도 하지만, 언젠가 인스타그램 팔로워가 '일력 챌린지'를 하는 것을 인상적으로 보고 배치했다. 일력 챌린지는 말 그대로 매일 일력을 넘기는 것이다.

이렇게 간단한 일을 '챌린지'까지 한다는 것이 어리둥절했지만, 막상 일력을 사용하다 보니 쉽지만은 않다는 걸 알게 됐다. 바쁘고 정신없게 살다 보면, 어느 날은 일력을 한 줌은 찢어야 한다. 마치 한때 소소하게 인기였던 '하늘 보기 챌린지'와 같은 느낌이랄까. 일력 역시 소소한 갓생과 어울린다 생각해 일력마다 재미있는 문구/밈을 넣었다. 소소한 갓생이자, 하나의 피식 포인트가 될 수 있기를 바라면서. 다행히 많은 고객들이 일력을 좋아해주셨고, 매일 색다른 팝업 스토어를 연출할 수 있었다. 길에서 잘 보이는 통유리에도 일력을 걸어서 지나칠 수 있는 고객도 방문객으로 유도할 수 있었다.

3. 폴더형 콘텐츠: 다이루어진다_른 이름으로 저장

직장인들은 많은 능력이 필요하다. 심지어 세상에 존재하지 않는 능력이 필요할 때도 많다. 이를테면 출퇴근길 순간이동하기, 탕비실의 투명인간되기 등. 갓생기획실에서는 모두가 이런 능력을 잠깐이라도 소망할 수 있게 했다. 회사에서는 뭐 하나 되는 일 없어도 폴더에 초능력 파일을 저장하면 바로 이루어지는 초능력들. 그래서 폴더 모양 종이 파우치를 만들고, 초능력 파일 미니 엽서를 만들었다. 앞에는 '인생 2회차의_ 연봉 협상력.zzan'(zzan: 짠! 하고 소원이 이루어지는 의성어) 등의 초능력을 파일 저장명처럼 쓰고, 뒤에는 그 능력을 재미있게 풀어내는 방식이다. 무려 16개의 초능력을 개발해야 해서 처음에는 조금 막막했지만 필요한 능력이 워낙 많기 때문에 나중에는 오히려 부족했다. 이 콘텐츠는 팝업 스토어에서 가장 인기가 많았다. 직장에서 초능력을 갖는다는 설정이 흥미로웠고, 사무실에 맞게 폴더에 저장한다는 콘셉트도 잘 부합했기 때문이다. 실제로 이 초능력 카드를 행운의 부적처럼 사무실 칸막이 등에 붙여 놓은 분들을 많이 목격했다.

4. 상품 엽서

가장 고민하다가 마지막까지 남겨진 미션이었다. 상품을 빼고는 갓생기획을 이야기할 수 없다. 김네넵이 하는 일이며, 고객과 소통하는 최종 산물이기 때문이다. 공간의 유연성으로 어떻게든 상품을 진열하긴 했는데, 상품이 좀 더 친숙하고

통곡의 회의_20분 단축.zzan

완벽한_이상형과_사내 연애.zzan

천년의 분노도 씻겨 내려갈 완벽한 이상형이 회사에?
근데 심지어 날 좋아한다고?
사내연애 못 참지!

돈도 벌고, 연애도 하고
상큼달콤 젤리맛 회사생활
하, 이게 바로 회사 생활이지

출퇴근길_순간이동.zzan

● ● ● 출퇴근길_순간이동.zzan

눈 뜨면 출근, 눈 감으면 퇴근
갓생에서 제일 중요한 건 시간 관리니까

그럼 이제 시간 있으세요? (스윗)
- 아껴 쓰세요. (단호)

다이루어진다_른이름으로 저장 콘텐츠

자연스럽게 다가갔으면 했다. 그래서 MD와 협의해 상품마다 스토리를 입혔다. '오뚜기 스프라면'에는 예전 급식 시간 '수다날'의 추억을, '최고심의 버터갈릭팝콘'에는 하루하루를 버텨내는 나를, 마블 히어로와 킬래버한 햇반 디스펜서는 'K-히어로의 밥심'을 입혔다. 모든 고객들이 그 활자를 다 읽지는 않겠지만, 누군가는 편의점에서 그 상품을 보고 친숙함을 느낄 테니까.

그 외에도 갓생기획의 스토리, 네넵이가 무무씨에게 간택당한 비하인드, 늦은 밤 편의점의 위로를 추가했다. 그중 우리가 가장 아끼는 것은 편의점 스토리다. 갓생기획 시즌 2에서는 저마다의 일상에 공감하고, 위로를 건네는 콘셉트다. 그렇다면 갓생기획의 시발점인 편의점이 주는 위로도 있지 않을까 해서 만든 엽서다.

예전에 갓생기획 멤버들끼리 일본어 학원을 다닌 적이 있다(진정한 갓생러가 이것인가). 그때 알게 된 노래가 키린지Kirinji의 〈Crazy Summer〉다. 특히 어두운 밤에 빛나고 있는 편의점 이미지가 인상적이었다. 물론 편의점 관련 노래는 아니지만 그 앨범 자켓과 노래에서 오는 평온함이 좋았다. 힘들게 공부하고, 일하고 귀가하는 어두운 길가에서 유일하게 반짝

A ㅏ, 이것도…저것도… 제가 하나요?

버터갈릭팝콘

네넵씨, 회의 준비는 다 했지?
- 아, 네넵!
네넵씨, 그거 폰트 수정 안 됐더라.
- 아, 네넵!
네넵씨, 문구는 이대로 나가는 건지 확인 좀 해 줘.
- 아, 네넵!

A ㅏ… 이것도 제가 하나요?
A ㅏ… 그것도 제가 하나요…?

당장이라도 뛰쳐나가고 싶지만
오늘도 텅장을 생각하며 버텨 보자고!
아주 그냥 존중하며 제대로 버텨 보자고!!!

수요일의 스프 요정

양송이 스프라면

라떼는 수요일은 '수다날'이라고
항상 급식에 맛있는 게 나왔는데
단골 메뉴가 스프랑 스파게티였어.

그러면 내 짝꿍은 거침없이
스프에 밥을 말아 먹었거든.
애들이 이상하다 해도 뚝딱 비우더라고

한 십 년 지났나.
문득 걔가 생각나서
몰래 그렇게 먹어 봤거든.
아니, 이 맛을 여태 몰랐다고?
헛살았다 싶었지.

근데 뭐 스프라면?
말해 뭐해. 당장 진행시켜!

[단독] K모씨, 영업비결 '갓생 비책' 유출
나만 잘되고 싶었는데, 통탄스러워

갓생 하트 젤리

갓생 비책
1. 가능한 큰 목표를 생각한다.
2. 계획을 아주 아주 촘촘히 세운다. MBTI J에게 과몰입해서 분 단위로 짤 것
3. 계획이 완성되면 소리 내서 크게 읽는다 내재화, 자기최면 중요★
4. 계획을 어떻게 실행하면 효율적일지 계획을 짠다
5. 젤리젤리 당 충전♥
6. SNS에 업로드해 나의 목표를 널리 알린다
7. 목표 숙성 시간을 3일 정도 보낸다 숙성된 목표가 성공의 지름길!
8. 계획을 시도해본다 시작이 반!
9. 젤리젤리 당 충전♥
10. 되면 한다

나도 이제 갓생왕!
실패 시 1번에서 다시 시작 기죽지 말기! ★

K-히어로는 밥심이지

마블 햇반 디스펜서

얼마 전 최애 영화 마블 시리즈가 개봉했어요.
부리나케 달려가서 보고
아이맥스로도 보고
심지어 혼자 한 번 또 봤어요.

그런데 볼 때마다 궁금한 게
히어로들은 뭘 먹고 그런 힘을 내는 거죠?
모든 건 다 밥심인데 말이죠.

생각해봤는데요.
한국에서 마블 히어로가 나오면
어마어마할 겁니다.
밥심이라는 거, 무시 못 하거든요.
이렇게 딱! 한 그릇 뽑아 먹고 가면
진짜 난리 난다니까요?

GS25

수고했어, 오늘도

수고했어 오늘도

야자 끝나고 집 갈 때
시험 기간 밤샐할 때
늦게까지 야근할 때까지도.

내 하루는 이토록 긴데
다른 하루들은 왜 이리 빨리 끝나는 거 같죠.

나는 그럴 때 편의점에 가요.
오늘 하루도 열심히 살았다고
어둑한 거리에서 날 보고
반짝이는 것 같아 기분이 좋더라고요.

들어가면 가장 마음에 드는 걸 골라요.
하루 종일 내 뜻대로 되는 거 하나 없었는데
편의점에선 내 맘대로 고를 수 있잖아요.

내가 고른 시원한 맥주 한 캔,
바삭한 과자, 달콤한 젤리.
이게 바로 행복 아니겠어요.

갓생기획 | 이또한갓생 |

GS25 편의점 이야기

이는 건 편의점뿐일 때가 많다. 특히 영업 제한이 있었던 코로나 시국에는 더욱 그랬다. 누군가는 그런 편의점에서 위로를 받지 않을까 하는 마음에서 편의점 스토리가 완성됐다.

5. 뽑기용 오늘의 운세

뽑기는 팝업 스토어의 국룰이다. 엠지렐라 활동을 하면서 거의 대부분의 팝업 스토어에는 뽑기가 있다는 사실을 알게됐다. 그렇다면 우리도 참을 수 없지. 뽑기에는 경품과 쿠폰을 두고, 추가로 포춘 쿠키같이 오늘의 운세 문구를 넣었다. 마치 회사 앞 바나프레소에 가면 영수증 스티커에 오늘의 문구가 한 줄 있는 것처럼. 바나프레소의 성공 비결은 회사 근처에서 가장 가성비 좋은 카페라는 점이 가장 크지만, 이런 세심한 문구도 매력 포인트라고 생각했다. 우리의 팝업 스토어 뽑기 문구는 중간중간 피식하는 문구가 있긴 하지만, 대부분 자존감을 높여주는 기분 좋은 문구로 구성했다. 갓생기획실에 찾아오는 고객들은 대체로 자신의 일상을 가꾸는 데 관심이 있을테고, 이런 주문 같은 작은 문구들이 실제로 일상을 가꾸는 데 작지만 큰 힘이 되니까 말이다. 문구들은 평소에 아카이빙한 문장들을 활용하거나, 우리가 듣고 싶은 문구들로 구성했다.

나를 위한 소비 오늘은 뭐든 좋습니다. 당신 위시리스트에 있는 바로 그거 말이에요 **갓생기획**	된다! 된다! 된다! 축하합니다! 아무래도 이번엔 꼭 될 거 같네요! **갓생기획**
소소하게 뜻 하는 바가 이루어질 기운입니다 이를테면 땡땡이, 빠른 퇴근 **갓생기획**	미라클 모닝? 그냥 일어난 게 미라클입니다요 #오늘의_미라클_성공 **갓생기획**

뽑기 문구

뽑기 현장

6. 포스터

디자이너는 다양한 용도의 포스터를 만들었다. 메인은 굿
즈용이었고, 나머지는 팝업 스토어의 수많은 벽을 꾸미는 용
도였다. 굿즈용 포스터는 갓생기획과 무무씨 버전으로 나누
었다. 갓생기획 버전은 '일하기 싫어병에 걸린 직장인' 콘셉트
였다. 힙한 이미지에 직장인의 속마음을 넣어 제작했다. 예를

들면, 'It's not my fault, your fault(내 탓이 아니야, 네 탓이지)', 'I don't think anymore, because I don't think anymore(나는 아무 생각이 없다. 왜냐하면 아무 생각이 없기 때문이다)'와 같은 카피를 삽입했다. 힙과 메시지를 모두 챙겨 의외로 잘 팔린 아이템이었다. 무무씨 버전은 무무씨 포즈를 다양화했다. 고객 입장에서는 무무씨가 생소했기에 최대한 무무씨의 특징을 보여줄 수 있는 카피와 함께 제작했다.

일반적인 팝업 스토어와는 달리 공간이 아주 다양해서 포스터를 부착해야 할 곳도 많았다. 이를테면, 탕비실 공간에 소화전을 가려야 했고, 카운터 아래 빈 공간과 건물 외벽에도 적당한 포스터가 필요했다. 탕비실 소화전용 포스터는 콘셉트에 맞게 '소확횡(소소하지만 확실한 횡령) 주의' 포스터를 만들었다. 마침 소화전 옆에 갓생기획 상품들을 진열해 두었기 때문에 개연성도 좋았다. 카운터 쪽에는 회사의 낙, 행복한 탕비실이 부각될 수 있는 알록달록한 포스터를 부착했다. 공간이 좁아서 사람들이 볼까 우려했는데, 의외로 많은 사람들이 이 포스터를 찍어 가셨다.

우리만의 굿즈 만들기

굿즈는 대부분 내부에서 해결했다. 모든 시안은 내부 디자인팀에서 작업했다. 이후 생산 단계에서 제작물 중 일부는 직접 업체에 연락하고, 일부는 협력사에 맡기는 방식이었다. 굿즈업체 관리를 맡은 멤버는 머리가 터지면서도 팝업 스토어 마무리까지 꿋꿋이 관리를 마쳤다. 제작업체를 일일이 소통하는 일은 생각보다 세심하고 고단한 일이었다. 굿즈 디자인을 하면서, 업체에서 전화가 오고, 또 다른 업체에게 샘플을 보내주는 일상의 반복. 그야말로 사내 수공업이었다. 회사 속의 회사 속의 회사.

무무씨와 그 밖의 갓생기획 굿즈는 크게 두 갈래로 나누어서 자체 굿즈 공장을 차렸다. 협업툴은 일정 관리가 수월한 트렐로를 사용했다. 우선 제안할 수 있는 모든 굿즈를 협업툴에 몽땅 적고, 현실적인 문제(기간, 비용, 공수 등)를 고려해서 실제로 구성할 굿즈(판매용/배포용/DP용)를 리스트업했다. 다 같이 일정과 체크리스트를 직관적으로 확인하는 용도로는 제격이었다. 평소 굿즈를 직접 만들어볼 일이 없었는데, 이를 계기로 굿즈 디자인 과정, 최소 발주 수량 등 다양한 정보를 알게 됐다.

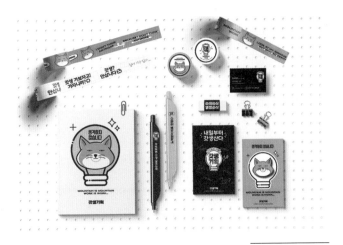

갓생기획/무무씨 굿즈

   팝업 스토어를 한다는 것은 끊임없이 새로운 일을 마주하는 것이다. 당시에는 참 고단했지만, 평소 업무 범위에서는 쉽게 경험할 수 있는 기회가 아니니 돌이켜 보면 소중했다(물론 시간을 오래 두고 돌이켜 봐야 한다).

   작가 '아무개씨'도 섭외했다. 아무개씨는 멤버 중 한 명이 크리스마스 시즌에 친구 따라 들른 팝업 스토어에서 접한 일러스트 작가인데, 특유의 촌스러움이 사랑스러워서 팔로우했다고 한다. 그는 아무개씨의 매력에 푹 빠져 귀여운 수제 키링도 만들었다며 에어팟을 흔들어 보였다. 그의 소심한 좌우

명인 '내 탓이냐'가 차분한 손글씨로 쓰여 있었다. 비록 팝업 스토어로 하루가 다르게 쓰러져 가지만 그런 마인드로 회사를 다니는 것이 목표여서, 키우는 스투키 이름도 '내타시냐'라고 지었다는 TMI^{Too Much Information}도 알려줬다. 그런데 마침 갓생기획 디자이너가 딱 '아무개씨' 컨택이 가능하다고 제안하는 게 아닌가! 수줍은 덕후를 비롯한 많은 멤버가 찬성하고, 미팅 후 굿즈를 진행했다. 우리의 키링 콘셉트 '이 또한 갓

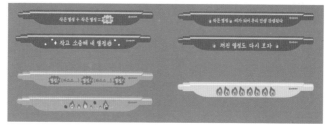

아무개씨 굿즈

생'과 결이 잘 맞는 작가라 기대보다 더 찰떡인 키링 비주얼을 잡아 주셨다.

때마침 도무송 스티커도 모두 완료되고, 굿즈까지 꾸려지니 제법 부자가 된 것 같았다. 왠지 이것저것 꾸미고 굿즈도 배치하면 그럴 듯한 팝업 스토어가 될 것 같았다. 하지만 고객 체험 요소가 아직은 부족할 것 같아 계속해서 디테일을 만졌다. 팝업 스토어 기획 중 가장 영혼을 갈아 넣은 때였다.

무무씨 인형 제작도 이때 진행됐다. 이후 다양한 크기의 인형을 만들었지만, 팝업 스토어에는 판매용이 아닌 DP용으로

무무씨 성형 과정

인형 한 개를 제작했다. 놀랍게도 팝업 스토어에서 가장 값비싼 소품은 무무씨 인형이었다. 세상에 하나뿐인 수작업 인형인 탓이다. 그만큼 비싸지만 네넴이의 반려 여우이기에, 정말 키우는 것처럼 네넴이 방 한편에 두고 싶었다. 하지만 우리는 인형을 만든다는 게 그렇게 어려울 줄 미처 알지 못했다. 처음에 나왔던 무무씨를 받고 한참을 고민했다.

충격 그 자체였다. 협력사 이사님이 눈은 그냥 올려 둔 거라고 거듭 말씀하셨지만, 그것만이 문제는 아니었다. 비전문가가 보아도 이건 단단히 잘못됐다는 것쯤은 알 수 있었다. 인형을 만들지 말까? 1차본인 데다가 수작업이라서 원래 그렇다는데, 심보가 가득한 무무씨 얼굴을 보고 있자니 한숨만 나왔다. 조금씩 도자기를 빚어 나가는 마음으로 피드백을 주고받다가 협력사와 함께 수작업으로 인형을 만들고 있다는 '인형 병원'에 갔다. 인형 병원이라는 게 어떤 형태인지 몰랐는데 도착해보니 정말 인형들의 '병원'이었다. 세상 모든 인형이 한데 모여 있고, 진료실, 치료실, 수술실이 있었다. 타로 카페 사장님 같은 신비한 분위기의 사장님이 무무씨를 데려 오셨다. 인형 병원에 누워 있는 무무씨 n차 본을 내려다보고 있자니 마음이 짠했다. 마치 성형외과에 온 것처럼, 여기는 볼살을 좀 줄여주고, 여기는 좀 올려주고, 눈매는 좀 내려 달라

무무씨 인형

는 요청을 잔뜩 드렸다.

　무무씨는 가늘게 뜬 심드렁한 삼백안이 매력 포인트인데 이 점이 모두를 정말 힘들게 했다. 눈매가 조금만 달라져도 무무씨는 심각하고 수상한 여우가 되곤 했다. 수정에 수정을 거듭하며, 티베트 여우가 아니라 두 눈 동그랗고 말똥한 사막 여우로 했었어야 했나라는 생각을 반복했다. 그렇게 조금씩 수정하다 보니 어느새 무무씨 최종본이 탄생했다. 3D 무무씨 최종본은 협력사 이사님이 손수 갖다주셨는데, 회사 엘리베이터가 열리고 무무씨 최종본을 영접한 순간을 잊지 못한다. 2D로만 보던 무무씨가 마치 살아 움직이는 기분이었다.

03

팝업 스토어
운영하기

시작이 반이지만,
운영도 반이니까

오픈이 일주일도 안 남은 시점, 발주한 굿즈들이 하나둘 도
착하니 이제 정말 시작이구나 싶었다. 이때부터 서로 철저히
분업화해서 움직이기 시작했다. 그렇지 않으면 팝업 스토어
오픈 후에도 뭔가를 계속 집어넣고 있을 것만 같았다.

공간 디자이너는 현장 감리를 맡았다. 하루는 조명 컬러와
도장을 확인하기 위해 가고, 하루는 감리를 갔다. 그 와중에
몸살이 심하게 걸린 멤버가 있었지만 아무도 빠질 수 없는 일
촉즉발의 일주일이었다. 우리는 수많은 발주 그래픽을 시공
감리하고, 직접 뜯어 붙이기도 했다.

그중 가장 신경 쓴 부분은 유리로 된 포토존이었는데, 그래
픽 요소를 맞추느라 고생을 했다. 하나하나 대보면서 위치를
잡고, 작업자분들이 시공해주시는 작업을 반복했다. 포토존
그래픽은 전면 시공, 배면 시공, 안쪽 가벽에 시공해 세 개의

포토존 작업

레이어가 있는 것처럼 밀도를 높였다. 포토존 유입을 높이기 위해 그래픽에 갓생기획 관련 위치 태그도 넣었다. 이 외에도 감리 중간중간 현장에서 추가 발주를 했다. 현장에 가니 생각보다 필요해 보이는 것들이 많았다. 심지어 오픈 날까지도 필요한 것들이 계속 생겨나서 노트북을 들고 다니며 추가 발주를 했다. 멤버 중에는 여기저기 뛰어다니느라 발이 통통 부어 신발을 다시 사야 하는 거 아니냐며 자조 섞인 미소를 짓기도 했다.

다른 멤버는 자잘한 소품을 챙기기 시작했다. 자잘하게 챙기는 소품일 뿐인데, 왜 이렇게 많은 것 같은지. 결국 모두 찢어져서 한 명은 문구류를 사러 가고, 한 명은 굿즈를 체크하고, 두 명은 바이닐을 사러 갔다. 바이닐은 네넵이가 '무리해서' 즐기는 취미다. 그리고 이것들을 구하러 다니면서 네넵이가 '정말' 무리하는 거였다고 생각했다. 일주일도 채 남지 않은 시점에서 적절하게 힙한 바이닐을 제때 구하려면 발로 뛰는 수밖에 없었다. 차례차례 돌 시간 따위는 우리에게 없었다. 한 명은 회현과 이태원, 한 명은 동대문 쪽을 뒤졌다. 가는 날이 장날이라고 바이닐 상점은 왜 저녁 오픈이 많고, 휴무는 왜 이리 많이 하는지. 겨우 오픈한 가게를 찾았지만 우리는 모두 바이닐 문외한이었기에 그저 예쁘다, 감성적이다 싶으면 집었다. 특히 괜찮은 바이닐을 많이 건졌던 곳은 동대문에 있는 '모자이크 서울'이었다. 그렇게 십시일반해서 알 수 없는 여섯 장의 바이닐을 구했다. 아직도 그 바이닐에 어떤 음악이 담겨 있는지는 모르지만, 대충 네넵이의 감성은 맞추지 않았을까.

이틀 남은 시점에도 미루고 미루던 소품이 남았다. 바로 대망의 다이어리. 네넵이의 업무/개인 다이어리를 재미 포인트로 넣을 거라고 계속해서 말했지만 외면하고 있었다. 다이어리 하나하나 수작업으로 꾸밀 생각을 하면 정말 아득했기 때문이다. 무엇보다 네넵이의 실체는 존재하지 않지만, 어쨌든

한 명이기 때문에 다이어리에 손을 대는 순간, 그 사람이 모든 다이어리를 작성해야 한다. 심지어 우리 팝업 스토어는 5월과 6월 사이 오픈 예정이었다. 그 말인 즉슨 다이어리가 두 달치라는 것이다. 이때는 디자이너들이 계속해서 포스터, POP 등을 급하게 쳐내야 하는 상황이라(팝업 스토어 오픈 전일수록, 놀랍게도 뭔가를 계속 만들어낼 일이 생긴다), 아무래도 육체적으로 다소 한가하다고 주장한 카피라이터가 지원했다. 그리고 펜을 들자마자 그는 후회했다고 한다.

카피라이터는 다꾸에 소질이 없다고, 아니 사실 다꾸를 싫어하는 쪽에 가깝다고 말했다. 분명 n년 차 네넵이도 다꾸 할 열정 따위는 없을 거라는 것을 누구보다 잘 알지만, 구태여 다꾸를 하는 이유는 네넵이의 이야기를 풀어낼 수 있는 가장 좋은 매개체기 때문이다. 그는 멀뚱히 있다가 인스타그램에서 다꾸 장인 레퍼런스를 몇 개 보고 과감하게 다꾸를 시작했다. 근 6개월간 그의 다이어리에 약간의 스토리를 보태 5월 업무 다이어리와 탁상 달력을 완성했다. 다이어리에는 갓생 기획 멤버들의 지인 이야기도 담았다. 과장님에게 언제나 화가 나 있는 모 회사 A 이야기, 매일 갓생 자극만 받는 B, 복권이 일상인 회사 동료 이야기를 합쳐서 네넵이의 일상을 만들어갔다. K-직장인의 하이퍼리얼리즘 그 자체였다.

다이어리 꾸미기

사실 다이어리는 하나하나 읽어보지 않으면 지나칠 수 있는 요소들이 많다. 하지만 자세히 보는 순간, 네넵이에 대해 더 알아갈 수 있다. 그래서일까. 의외로 팝업 스토어에서 많은 사람들이 보고 인증샷으로 많이 올라온 것이 다이어리였다.

다른 디자이너는 정돈되지 않은 수많은 창이 띄워진 컴퓨터 배경 화면을 만들었다. '최종', '진짜 최종', '진짜 진짜 최종' 같은 눈물 없이 볼 수 없는 폴더명과 현실 고증하는 투명도 58%의 엑셀 카톡창(카톡하면서 일하는 척하기 좋은 최고의 위장술) 등의 디테일을 잡은 덕에 하이퍼리얼리즘 갓생기획실이 탄생할 수 있었다. 그리고 이것은 모두 오픈 전날의 이야기다.

끝날 때까지 끝난 게 아니다

팝업 스토어 오픈 하루 전날, 이른 오전에 바라바리 소품을 싸서 현장으로 떠났다. 현장에 도착한 순간, 모두 약속이나 한 것처럼 오늘은 왠지 집에 빨리 들어갈 수 없을 것만 같은 생각이 들었다. 우리는 갓생기획실 소품을 배치하고, 포스터를 붙

컴퓨터 모니터

이고, 탕비실 물품과 굿즈를 손수 진열했다. 마치 오늘 이사 온 사람처럼 네넵이 방도 반 정도 꾸며 주었다. 그때가 저녁 8시의 일이었다. 팝업 스토어는 우리가 직접 몸으로 움직여 야 하니, 그야말로 극악의 난도였다. 대충 끼니를 때우고 협 력사와도 힘을 모아 다시 작업에 들어갔다. 사실 그 시간의 기억이 조금 삭제된 것 같다. 확실한 건 갓생기획 멤버들과 일종의 전우애(?) 같은 게 생겼다는 것. 반수면 상태로 이곳이 너무 비어 보이니 내일 아침에 뭔가를 사 오거나, 만들어서 채우자는 이야기를 중얼거리고 헤어졌다. 새벽 3시를 향하는

철야 작업

시간이었다.

가오픈 날이었지만 우리에게는 아직 마무리할 팝업 스토어가 있었다. 그 와중에 몇 명은 작업을 마저 하기 위해 현장으로, 몇 명은 화분 거치대 사러 마트로, 다른 몇 명은 소품 제작 및 프린트를 위해 사무실로 직출했다. 이날은 아직도 꿈 같다. 몽롱한 상태로 전우들을 만났는데 다행히 모두가 살아 있었다.

막판까지 디테일을 잡았다. 네넵이 책상 앞에 타공판을 꾸

미는 일이 대다수였다. 사람들이 의외로 좋아한 '두 번 생각하고 말했나요?' 포스트잇은 갓생기획 멤버의 친한 선배가 자주 하던 말이라고 했다. 타공판의 큰 면적을 차지하는 사나운 피드백 용지는 jtbc드라마 〈나의 해방일지〉에서 극중 디자인 팀장을 패러디한 것이다. 디자인팀 팀장님께서 당일 고민 끝에 손수 적어 주셨다.

취객처럼 비틀거리며 디테일을 맞추다 보니 어느새 막바지였다. 마무리된 것 같으면서도 뭔가 부족한 느낌이 계속 들었지만, 진행하면서 차차 잡아가기로 했다. 마케팅팀은 저녁에 팝업 스토어에서 열리는 가오픈 행사를 준비했다. 어제까지만 해도 고요하고 엉성했던 갓생기획실에 온갖 핫한 인플루언서들이 모이기 시작했다. 팝업 스토어 오픈이 한층 실감나는 순간이었다.

지독한 네티즌과 친절한 도슨트로 산다는 것

팝업 스토어는 생각보다 변수가 많이 생긴다. 준비 중에는 물론이고, 운영 중에도 사사로운 일들이 많이 생긴다. 협력사분들이 상주하고, 프로모터분들이 안내하며, 우리도 모두가 당번제로 오픈을 준비했지만, 직접 찾아가야 해결되는 작은 일들이 종종 생긴다. 그럴 때마다 현장에서 이것저것 다시 맞춰보고 온다. 회사와 팝업 스토어가 가까운 편이라 얼마나 다행이었는지! 그 장점을 이용해 우리는 매번 팝업 스토어에 가서 광자처럼 디테일을 맞추곤 했다. 그 탓에 우리가 나중에 마이크로매니저가 되는 것은 아니냐고 우스갯소리를 했다. 젊은 꼰대 뭐 그렇게 되는 거 아니냐는 소리와 함께 말이다. 그래도 명색이 MZ세대를 대표하는 직원들인데 끔찍한 이야기가 아닐 수 없었다.

하지만 팝업 스토어에는 신경 쓸 것이 차고 넘치기에 마이

크로매니저나 젊은 꼰대가 되는 끔찍한 상상은 접어두기로 하고, 팝업 스토어에 대한 '애정' 정도로 포장하기로 했다. 그러나 그 애정은 끊임없는 검색 광자를 낳게 되고, 우리 모두 지독한 네티즌이 되고야 말았다. 인스타그램 해시태그의 최근 게시물 새로고침을 참지 못하고, 네이버 블로그의 최신 리뷰를 참지 못했다. 우리는 매일 지독한 네티즌 활동을 음침하게 즐기고, 팝업 스토어에 은근히 머물면서 구경이 끝난 고객들의 수다를 염탐하곤 했다. 주로 재미있다는 의견이 많아서 뿌듯함을 느끼고, 디테일이 좋다는 이야기를 듣고서는 디테일에 대한 집착을 포기할 수 없었다. 참으로 징그러운 관계자였다.

그러다 지독한 네티즌에게 포착된 동일한 결의 피드백이 있었다. 네넵이가 너무 갓생 사는 게 아니냐는 의문이었다. 그도 그럴 것이 네넵이가 말로만 갓생 산다고 하지만, 생각보다 꽤 성실히 존경스러운 갓생러의 모습을 보여주고 있었다. 우리가 영혼을 털어 모든 갓생템을 때려 박은 탓이었다. 역시나 지독한 네티즌은 이런 피드백을 참지 못하고 다음 날 버선발로 팝업 스토어에 달려갔다.

제일 먼저 한 일은 '네넵이의 방'에서 책 배열을 바꾼 것이다. 네넵이 책상에는 사이드 프로젝트 관련 책이 무려 3권이

나 있었는데, 주로 이 책을 보고 사람들이 그의 성실함에 놀라는 것 같았다. 사이드 프로젝트 관련 책 하나를 당장 치우고,《왜 아가리로만 할까?》라는 책을 비치했다.

그다음은 피아노 악보. 네넵이가 피아노는 치고 싶어 하지만, 다짐만 한다는 걸 보여주고 싶었는데 오히려 사람들은 하얀 악보를 보고 '네넵이 피아노도 치네?'라고 했다. 안 되지, 절대 안 되지. 당장 가서 다 채워지지 못한 포도알들을 가득 그리고 왔다. 물론 작심삼일 콘셉트에 딱 맞게 한 3일 정도로 설정했다.

후반 소품 디테일 조정

피드백을 즉각 반영해 디테일을 매일 조금씩 맞춘 덕분에 점점 콘셉트와 잘 맞게 됐고, 물론 이런 반응의 변화 역시 지독한 네티즌 활동을 통해 확인했다. 많은 분들이 갓생기획실을 보고 '날 보는 것 같다'는 피드백을 많이 올려주셨다. 결과적으로 처음에 의도했던 '네넴이를 통한 진한 공감'을 자연스럽게 이끌어낸 것이다.

의외로 반응이 좋았던 건 다이어리였다. 멤버의 영혼을 갈아 만든 다꾸를 사진 찍어 올리고 하나하나 보는 방문객들에게 눈물 나게 고마웠다. 다꾸를 했던 멤버는 신나서 5월 말에 계획했던 6월 다이어리 활동을 시작했고, 급기야 원남동까지 가서 다이어리 소품을 사 오는 열정을 보였다. 칭찬은 고래도 춤추게 하는데 우리 같은 지독한 네티즌 정도야 뭐 껌이지 않겠는가.

6월 다이어리를 리뉴얼하면서 네넴이 회사 동료의 쪽지, 팀장님의 법카 찬스 쪽지, 담배 케이스를 위장한 초콜릿 케이스 등을 추가했다. 인스타그램 유머 계정에서 긁어모았던 밈들을 활용했다. 이런 것들을 배치하면서도 누가 알아볼까 했는데, 생각보다 많은 분들이 알아보고, 웃어 주셨다.

휴무는 총 이틀이었는데, 직관적인 휴무 표기보다는 이 또

팝업 스토어 운영하기

한 우리의 콘셉트에 맞게 하는 게 재미있을 것 같았다. '귀여워서 연차씁니다', '연차 사유: 피곤해용'과 같이 휴무를 연차 콘셉트로 표현해 통유리에 붙여 두었다. 팝업 스토어에 찾아오는 고객이 아니더라도, 지나다니면서 한 번씩 피식하길 바랐다. 사소해 보여도 그런 작은 요소들이 모이고 모여, 소통을 만들어간다고 생각한다.

네티즌 활동을 하지 않는 날에는 저마다 친절한 도슨트로 일했다. 팝업 스토어가 오픈으로 치달을수록 하나같이 죽는 소리를 했기에 모두의 가족과 친구들이 친히 보러 와줬다. 모든 이들을 맞이할 수는 없었지만, 일정이 되는 한 도슨트를 해주고, 좋아해줬다. 마치 친구 졸업 전시를 보러 온 것처럼 말이다. 여담으로 과장님을 싫어하는 모 회사의 A도 친구 찬스를 활용해 방문했다. 과장님이 적혀 있는 네넵이의 일기가 자신을 소재로 했다는 이야기를 듣고 통쾌했다는 이야기를 들었다. 누군가에게 이해받기 위해 하는 일은 아니지만, 우리의 결과물에 같이 웃고 공감해줄 수 있는 사람들이 친히 찾아온다는 건 정말 행복한 일이었다.

사실 처음에는 하면서도 자신이 없어 5천 명이라도 왔으면 좋겠다고 생각했다. GS25의 브랜드지만 고객 입장에서는 소규모 신생 브랜드라고 느낄 것이기 때문이다. 실제로 방문자 중에 '갓생기획'이라는 신규 브랜드 팝업 스토어를 한다고 생각하는 사람들이 더러 있었다. 그래서 모든 굿즈 발주도 최소 수량으로 진행했다. 하지만 감사하게도 공휴일에는 하루에 천 명 넘게 방문객이 집계됐고, 팝업 스토어 행사 기간 동안 무려 1만 5천 명이나 방문해 주셨다. 게다가 갓생기획 브랜드 인지도도 끌어올릴 수 있었다.

팝업 스토어를 하는 24일 동안 사사로운 일들이 많았지만, 디테일을 맞춰가고, 소통하고, 고객들이 함께 공감해주는 즐거움이 있어서 힘을 낼 수 있었다.

갓생기획 팝업 스토어

팝업 스토어 '갓생기획실'이 드디어 마무리됐다. 할 수 있을까, 오픈은 할까, 그냥 못한다고 할까, 끝나긴 할까 했던 팝업 스토어가 끝이 났다. 산을 넘었다는 뿌듯함이 있지만, 길지 않은 직장 생활 중 가장 큰 고비였고 그만큼 아찔했다. 우리에게 처음인 일로 가득했다.

MZ세대 상품 기획으로 시작한 단기 프로젝트였는데, 팝업 스토어를 하면서 내/외부와 협업하고, 비용도 다루고, 공간을 기획하고, 꾸며야 했다. 그야말로 회사 속의 회사 '갓생'기획인 셈이다. 우리는 우리의 역량들을 다방면으로 발휘하고 배울 수 있었다.

하지만 우리 모두 매일같이 마음에 큰 짐을 업은 채 출근하고, 더 큰 짐을 싸서 퇴근하는 기분이었다. 누군가는 고단하게 시달린 날에 물멍을 하면서 새 구경을 하고, 누군가는 집에 와서 큐브를 맞췄다. 또 누군가는 침대를 주먹으로 쾅쾅 치면서 일어났다. 체력도 뚝뚝 떨어져서 나중에는 다들 하나같이 눈꺼풀이 두터워진 채 회의를 했다.

그렇게 어찌어찌 마무리하게 됐지만, 다시 하라고 하면 상당히 큰 각오와 체력이 필요할 것 같다.

여담으로, 누가 팝업 스토어를 할 때 가장 필요한 게 무엇인지 묻는다면 주저하지 않고 대답할 수 있다. 굿즈? 아니다. 세계관? 아니다. 바로 '힘'. 팝업 스토어는 힘으로 하는 것이다. 오픈이 다가 올수록 팝업 스토어가 혹시 '파워-업'의 준말이 아닐지 진지하게 고민하게 된다. 뭔가를 들고, 나르고, 옮기는 일이 부지기수니 브랜드 팝업 스토어를 준비하거나 꿈꾸는 사람이 있다면 근력을 가장 먼저 키워야 한다. 다음 날 발이 퉁퉁 부어서 신발이 맞지 않을 수도 있으니 조금 큰 신발과 시원한 다리 붓기 전용 패치를 구비해두는 것도 잊지 않길 바란다.

하지만 분명 팝업 스토어만의 매력은 있다. 예전에도 협업을 많이 했지만, 앞서 이야기한 것처럼 팝업 스토어의 협업은 차원이 달랐다. 카피, 공간, 디자인, 마케팅, 상품 등 모든 것의 종합예술 같은 느낌이다. 신경 쓸 게 너무 많아 잔뜩 예민해져 버렸지만, 그만큼 결과물이 굉장히 신선하다. 오픈 전날 팀원들과 한 땀 한 땀 채워 나가면서 새벽에 유령처럼 귀가하고, 아침에 좀비처럼 만났기에 다 같이 만들어냈다는 뿌듯함도 어떤 프로젝트보다 진하다.

게다가, 다른 온라인 매체와는 달리 고객과 바로 만날 수 있기에 즉각적인 반응을 들을 수 있다. 그만큼 피드백도 바로 반영할 수 있다는 게 장점이다. 고객이 이런 포인트를 좋아하니 여기를 더 발전시켜 봐야지, 이런 피드백이 있었으니, 여길 보완해 봐야지 하는 식이다. 사실 고객을 직접 대하는 기회가 많지 않기 때문에, 무언가를 만들어내고, 소통하는 업무를 하는 사람들에게는 이것이 굉장히 큰 재미이자 행운이다.

팝업 스토어를 기획하면서 잡은 작은 목표가 있었다.

1. **갓생기획실에 온 고객들이 네넵이의 하루 일과를 보면서 '김네넵, 나 같네' 하고 공감하는 것.**

   : 우리 모두는 김네넵일 것이고, 김네넵이며, 김네넵이다. 동시대를 사는 사람들(소위, MZ세대)의 공감을 유도해보자.

2. **"지금 당신 인생, 그래도 꽤 괜찮아요. 계속 가보자고요!" 하는 심심하지만 따뜻한 위로를 건넬 것.**

   : 갓생, 참 쉽지 않군요. 하지만 이 또한 갓생 아니겠어요. 시작이 반이라는데 열심히 하겠단 다짐만으로도 멋지잖아요. -갓생기획 엽서 中-

이 두 가지 작은 목표는 '지독한 네티즌의 데이터'에 기반했을 때 어느 정도 이룬 것 같다. 어떤 방향으로든 갓생기획실을 보고 마음이 조금이라도 움직였다면(예를 들어, 나만 이렇게 사는 게 아니네, 요즘 애들은 이런 하루를 보내는구나, 갓생 한 번 살아볼까 등) 그걸로 우리의 팝업 스토어 갓생기획실의 시도는 고무적이라고 생각한다.

　마지막으로, 편의점에서 갓생기획 상품을 마주하면 한 번 피식하며 다가가 보는 것, '갓생러'들이 '갓생러'를 위해 열심히 만들어본 그 상품'을 한 번쯤 눈여겨봐 주는 것. 그게 최종적인 바람이다. 또, 그렇게 되기 위해 더 많은 것을 보고, 듣고, 경험하고, 활용해보며 갓생 살아보려 한다.

그럼 '갓생기획실' 안녕, 안녕, 안녕!

어떻게
갓생을 살 것인가

01

선한
영향력 주기

갓생 사는
모든 이들에게

갓생기획의 시작은 트렌디한 상품이었다. 하지만 갓생기획 자체 프로젝트를 하나씩 완수해 나가면서 갓생기획이 '선한 영향력'을 주는 브랜드로도 거듭날 수 있다는 가능성을 발견했다. 갓생기획의 갓생은 말 그대로 '최선을 다하는 일상'을 뜻하니까. 일례로 서울디자인재단과의 프로젝트가 있다.

한창 팝업 스토어를 준비할 때쯤 갓생기획에 새로운 제안이 들어왔다. 기업의 새로운 시도에 관심을 갖고 있던 '서울디자인재단'에서 갓생기획에 협업을 제안한 것이다. 서울디자인재단은 디자인 산업 육성을 통해 서울 시민의 더 나은 삶을 선도하는 서울시 산하 기관이다. 대표적인 운영 사업으로는 동대문역사문화공원역에 있는 DDP(동대문디지털플라자)가 있다. 갓생기획은 사기업인 GS리테일의 브랜드이기에 그간 사기업과의 컬래버레이션 제품은 계속 진행했지만 공기관과의 협업은 새롭게 느껴졌다. 무엇보다 서울시와 함께 공익적인 측면에서 재미있는 시너지를 낼 수 있을 것 같았다. 서울디자인재단도 우리와 마찬가지로 공익적이면서 새로운 시도를 기대하고 있었다.

당시에는 팝업 스토어 오픈 준비로 눈코 뜰 새 없이 바빴기에, 운영 중반쯤 다시 미팅을 했다. 처음에는 '공익'이라는 키워드에 집중하다 보니 딱딱한 아이디어밖에 나오지 않았다. 하지만 갓생기획 회의처럼 자유롭게 아이디어를 내다가, 서울디자인재단이 '청년 디자이너 및 소상공인' 지원 사업을 꾸준히 펼치고 있다는 사실을 알게 됐다. GS리테일에는 없는 새로운 아이템이 될 수 있을 것 같았다. 갓생기획도 '청년'이라는 키워드와 충분히 연계 가능한 브랜드였기에 재미있는 협업 콘셉트를 뽑아낼 수 있을 것 같았다. 게다가 DDP 디자인랩 공간을 자유롭게 활용할 수 있다고도 했다.

"그럼 갓생기획의 세계관에 갓생 사는 청년 디자이너를 녹여 보는 게 어떨까요?"

갓생기획과 서울디자인재단의 협업이 최대한 자연스럽게 녹아들기 위해서는 스토리텔링이 필요했다. 그리고 거기에 갓생기획이 갖고 있는 장점 중 하나인 세계관을 활용하는 게 가장 효과적인 방안이라 생각했다.

"김네넵이 디자이너로 활동하는 거죠!"

김네넵의 세계관을 굉장히 구체적으로 잡았지만 정확하게 나오지 않는 것들이 몇 가지 있다. 나이와 성별, 그리고 직군이다. 고객들이 다양하고 자유롭게 자신에게 대입할 수 있는 여지를 열어 뒀기 때문이다. 특히 갓생기획은 많은 것들을 직접 하는 가상 회사인 덕분에, 고객들이 네넵이의 직군을 다양하게 추측하는 재미도 있었다. 즉, 김네넵은 고객이 어떻게 상상하는지에 따라 MD, 디자이너, 마케터, 카피라이터, 영업 등 모든 직군이 될 수 있다. 이런 김네넵 캐릭터의 유동적인 특징을 활용해 서울디자인재단과의 협업에서는 김네넵 디자이너로 발전시켜 청년 디자이너와의 연결성을 높였다.

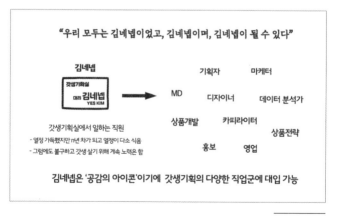

김네넵 세계관

갓생기획 은 세상의 모든 갓생러들을 위한
GS25만의 라이프스타일 브랜드 입니다.

*갓생(God-生) : 하루하루 최선을 다해 사는 삶
*갓생러 (갓생+er) : 갓생 사는 사람

허둥지둥 갓생기획실, 이번엔 디자이너 작업으로 돌아왔는데요.
한 해가 가기 전에 갓생 살아 보려는데 또 계획만 요란할까 봐
걱정된다고요? 뭐, 괜찮아요. 이 또한 갓생 아니겠어요!

MOUNTAIN IS
MOUNTAIN
WORK IS WORK~

김네넵
(n년차 디자이너 / INFP / 부캐 준비중)

갓생기획실
대리 **김네넵**
YES KIM

갓생기획 n년 차 접어들면서 열정을 잃은
K-직장인. 언제나 갓생을 꿈꾸지만 그저
말뿐이다. 그래도 성공적인 파이어족이
되기 위해 청년 디자이너들과 열심히
동호회 활동을 하고 있다.

무무씨
(나이미상 / ISFP / 김네넵 반려여우)

별걱정도 미련도 없어서 무무씨. 티베트
여우 또는 모래 여우라고 부르는 종이지만
특유의 심드렁한 표정으로 '뭐래여우'라고
불린다. 열정을 잃어버린 네넵이에게 위로를
건네곤 한다.

THAT'S NONO

[서울디자인재단과 GS리테일의 브랜드 갓생기획이
우수한 청년 소상공인&디자이너를 지원합니다.]

www.ddpdesignstore.org 에서 더 많은 상품을 만나보실 수 있습니다.

디자인으로 서울시민의 더 나은 삶을 선도하는 서울디자인재단은
동대문디자인플라자(DDP)를 거점으로 국내외 디자인 판로를 개척하고 있습니다.

갓생기획 X 서울디자인재단 협업 세계관

단순히 청년 디자이너의 상품을 소개하는 게 아니라, 김네넵과 청년 디자이너를 스토리로 연결해 그들의 상품에 개연성을 높이는 것이다. 이 초반 콘셉트를 발전시켜 나온 세계관은 이렇다.

김네넵과 청년 디자이너들의 관계는 디자이너 동호회 GSD^{GodSaeng Designers}로 잡았다(포토샵 파일을 뜻하는 PSD에서 가져왔다). GSD 청년 디자이너들은 GSD에서 자신만의 디자인 브랜드 상품을 내기 위해 노력하고, 김네넵 역시 부캐로 성공하기 위해 힘쓴다. 부캐를 키우겠다는 김네넵의 꿈은 아직 아득하지만, 이미 자신의 브랜드로 상품을 내서 파이어족의 불씨를 붙이고 있는 청년 디자이너를 보며 자극받는다.

'갓생기획과 서울디자인재단이 청년 디자이너/소상공인을 지원한다'는 공익적인 목표는 다소 딱딱하지만, 이렇게 관계성을 부여하니 고객과의 소통이 좀 더 부드러워졌다. 공간 역시 디자이너라는 특정 직군으로 설정해 좀 더 뾰족한 콘셉트로 구현해, 디자이너 김네넵의 아이덴티티를 확실하게 보여 줬다.

세계관으로 청년 디자이너들과의 관계성을 구축해, 그들과 첫 전체 미팅을 했다. 귀여운 얼굴에 매운 말투를 가진 오리 캐릭터 디자이너 아찔, 신박한 달걀 망치 브랜드 수수키키, 귀여운 도자기 디자이너 포터리씨, 심리학 문구 브랜드 프로고민러랩, 향초 브랜드 세센티르 이렇게 각기 다른 매력의 청년 디자이너 다섯 명을 만났다. 모두 부지런히 자신의 브랜드를 운영하고, 상품을 출시하는 '갓생 사는 디자이너'였다. 정식으로 갓생기획과 우리의 세계관을 소개했다. 만나자마자 콘셉트에 과몰입한 사람들처럼 우리의 세계관을 흥미롭게 받아들여 주셨다.

청년 디자이너와 함께 갓생

서로를 충분히 이해하고 난 뒤, 각 브랜드마다 '갓생'이라는 키워드에 부합하는 상품을 생각해 오기로 했다. 우리도 나름대로 우리의 색채를 녹일 수 있는 방안을 구상해 보면서, 잘 이어질 수 있을지 우려도 했다. 하지만 저마다 기대 이상으로 갓생기획에 자신의 브랜드를 자연스럽게 녹여서 선보였다. 아찔과 무무씨와의 컬래버에서 아찔은 무무씨보다 좀 더 격한(?) 느낌이었다. 그래서인지 아찔이 구현한 무무씨와의 컬래버가 신선하게 다가왔고, 실제로 가장 많은 사랑을 받았다.

수수키키는 달걀 망치에 갓생과 어울리는 카툰을 붙였고, 포터리씨는 갓생 관련 문구가 적힌 도자기 세트를 준비했다. 프로고민러랩은 갓생 콘셉트와 잘 부합하는 요소가 많아서, 또 하나의 노트패드 상품 라인업이 탄생했다. 세센티르의 향초는 어떻게 갓생과 엮어야 할지 고민이 많았다. 하지만 '이 또한 갓생'과 향초를 엮어 매일 향초를 킨 채로 생각을 정리해 보는 것도 갓생이라는 멋진 콘셉트를 잡아주셨다. 실제로 '리추얼'(매일 나 자신을 위해 반복적으로 행하는 의식 활동)도 떠오르는 갓생 활동이라 자연스럽게 녹아들 수 있었다.

청년 디자이너 굿즈

  우리도 나름대로 공간을 꾸미기 위한 준비를 했다. 서울디
자인재단과의 협업부터는 생활잡화 MD와 함께 무무씨 굿즈
를 다양하게 출시했다. 노트부터 인형 3종 세트, 장바구니까
지 다양한 연령층을 겨냥한 굿즈를 출시했다. 특히 인형은 인
기가 정말 좋았는데, 외국인들의 관심도 굉장히 많이 받았다.
DDP에는 외국인 관광객이 많이 방문하는데, 오픈 전날 조심
스레 다가와서 'serious fox'를 지금 당장 구매할 수 있냐고 묻
는 외국인들이 많았다. 외국인 타깃층을 중점적으로 고려하
지 않았는데 재미있는 포인트였다. 실제로 오픈 이후에도 외
국인들이 무무씨를 많이 구매해 가는 걸 자주 목격했다.

무무씨 굿즈

네넵이의 작업실을 구상하는 준비도 게을리하지 않았다. 무려 두 번째 팝업 스토어였기 때문에 더 수월했다. 무엇보다 다섯 개의 서로 다른 공간을 기획하고 꾸미다가 한 개의 공간에만 집중하니 확실히 손이 빨랐다. 이번에도 다이어리와 일력은 잊지 않았다. 이 두 가지는 별다른 설명 없이도 갓생기획의 정체성을 보여주는 요소들이기 때문이다. 다이어리에는 청년 디자이너들과 네넵이의 관계성을 구석구석 풀어냈고, 일력에는 간간이 재미있는 카피와 함께 상품을 노출시켰다.

DDP 팝업 스토어와 성수동 팝업 스토어의 차별점은 '네넵이의 확실한 직군'이다. 성수동은 네넵이의 구체적인 직군을 밝히지 않아 '직장인의 일상' 자체에 초점을 맞췄다면, DDP에서는 누가 봐도 디자이너라고 인식할 수 있게 공간을 구상했다. 실제 갓생기획 디자이너들이 직접, 디자이너 하면 생각나는 소품들을 마인드맵으로 한 번에 펼친 후 적절한 소품을 선별해 구매했다.

공간을 구상하면서 청년 디자이너들의 상품을 각각 자연스럽게 녹이는 방안도 잡았다. 갓생 노트패드는 실제로 다이어리 꾸미기에 사용하고, 아찔 엽서는 작업실 게시판에 붙였다. 수수키키 달걀 망치는 자연스럽게 책상 위에 배치해 디자이

김네넵의 다이어리

너들의 숙명적인 고통(=거북목, 근육 뭉침)을 표현했다. 작은 협
탁에는 포터리씨의 도자기와 세센티르의 향초를 놓아 디자이
너의 감성을 표현했다.

공간과 상품을 전반적으로 잘 어울리게 진열해 고객들에게
자연스럽게 흥미를 유도할 수 있었다. 찐 팬만 아는 디자이너
브랜드였는데 팝업 스토어를 통해 많은 사람들이 브랜드를
알아가고, 구석구석에 있는 포토존에서 사진을 찍으며 즐거
워했다.

DDP 팝업 스토어 역시 매번 멤버들끼리 아침 당번을 돌면

5월 20일 | 금요일	5월 21일 | 토요일	5월 22일 | 일요일	5월 23일 | 월요일	5월 24일 | 화요일

갓생기획

오늘부터
갓생산다

일요일은
일어난 게
갓생

이번 주 너무
길지 않아요?

갓생기획

아직 화요일?
미쳤습니까,
휴먼?

5월 25일 | 수요일	5월 26일 | 목요일	5월 27일 | 금요일	5월 28일 | 토요일	5월 29일 | 일요일

수고했어
오늘도!
♡

나는야 성수동
최고 멋쟁이
☺

짜릿해
늘 새로워
금요일이
최고야

갓생 살아라!
그대는 그 뭐냐.
그거다.

좋은 일 하나는
무조건 생김
⊗ ☺ ⊗

5월 30일 | 월요일	5월 31일 | 화요일	6월 1일 | 수요일	6월 2일 | 목요일	6월 2일 | 목요일

월요일은
원래 피곤

6월부터
갓생산다

투표한 나, 제법 멋져

난
선물주고
이건
취미다

난
선물주고
이건
취미다

6월 3일 | 금요일	6월 4일 | 토요일	6월 5일 | 일요일	6월 6일 | 월요일	6월 7일 | 화요일

투명도 63%로
갓생 사는 중

제 고양이 좀
보고 가세요

어제가
내일이었으면
좋겠다
그럼 오늘이
금요일일텐데

감사합니다.
잊지 않겠습니다.

역시 내가
귀여운 탓인가

6월 8일 | 수요일	6월 9일 | 목요일	6월 10일 | 금요일	6월 11일 | 토요일	6월 12일 | 일요일

나만 잘되게
해주세요

Only me, Just me.

오늘 할 일
☑ 끝내주게 숨쉬기
☑ 작살나게 누워있기

"
자네
퇴근하나?
"
여름이었다.

토요일 좋아 ♬
토요일 좋아 ♩
토요일 좋아 ♬

갓생기획실

다음에 또
갓생 살 수 있겠죠?

일력

전시 공간

서, 고객의 반응을 면밀히 체크했다. 이때 우리는 갓생기획의 또 다른 가능성을 깨달았다. 성수동 팝업 스토어 때는 우리 브랜드가 고객과 교감하는 방법과 동시에 공감에서 나오는 소통이 얼마나 강력한지를 배웠다. 한편 DDP 팝업 스토어에서는 갓생기획의 선한 영향력에 대해 배웠다. '최선을 다해 사는 사람들'에게 주는 선한 영향력.

'갓생'이라는 트렌드가 영원하지 않을 것이라는 사실을 안다. 하지만 이 단어가 가진 힘은 아직 강하고, 유효하다는 사실도 알게 됐다. 이름처럼 열심히 최선을 다해 사는 사람들이 직접 만든 브랜드이기에, 우리와 같이 최선을 다해 살아가는 사람들에게 선한 영향력을 줄 수 있는 것이다. 마치 우리와 함께한 서울시 청년 디자이너들처럼 말이다.

앞으로도 이런 기회가 있다면, 우리가 나서서 그들의 갓생을 적극적으로 도와야겠다는 일종의 사명감도 생겼다. 그래서 많은 사람들에게 선한 영향력을 주는 브랜드가 되자, 맹목적으로 전력 질주하는 갓생이 아니라, 최선을 다해 일상을 꾸려가는 사람들이 더 잘 살아갈 수 있게 돕는 브랜드가 되자고 다짐했다.

02

갓생기획의
내일

내일도 우리 팀은,
갓생기획

갓생기획은 끊임없이 상품에 대해 이야기한다. 친구들의 수다처럼 진행되지만, 요즘 트렌드를 어떻게 상품으로 적용할 수 있을지 이야기할 때는 한없이 진지하다.

1. 우리가 좋아하고 원하는 건 무엇인가.
2. 사람들도 그렇게 생각하는가.
3. 편의점에 적용한다면 어떤 상품이 될 수 있는가.

앞으로도 상품화를 위한 이 세 가지 큰 조건은 변하지 않을 가능성이 높지만, 우리의 선호가 다수의 선호와 같은 흐름이라는 전제가 뒷받침돼야 한다.

트렌드를 이끄는 상품은 언제나 진행 중

갓생기획 상품도 크게 트렌드에 부합하는 상품과 갓생템으로 나뉜다. 먼저, 트렌드에는 작은 트렌드와 큰 트렌드가 있다. 사실 작은 트렌드는 '유행'이라고 표현하는 게 더 적절하다. 이런 상품은 타이밍이 가장 중요하다. 유행은 언제 사그라들지 모르기 때문에 많은 사람들이 즐기는 유행이라면 빠르게 상품화해야 한다. 갓생기획의 팝잇진주캔디가 그 예다. 트렌드라기보다 유행에 가까운 상품인데, 이런 상품은 고객에게 편의점의 묘미를 준다.

그리고 큰 트렌드가 있다. 유행보다는 큰 의미로, 지속적으로 하나의 흐름이 될 수 있는 변화를 말한다. 대표적인 예가 2022년 말부터 스멀스멀 떠오른 '소식좌' 트렌드다. 지금은 다소 식었지만, '적게 먹는 사람에 대한 이해와 관심'이 이전보다 높아진 채로 지속되고 있다. 이전 먹방은 많이 먹는 것에 집중했다. 그래서 일부 먹방 유튜버들은 실제로 먹기 힘든 것들을 먹거나, 굉장히 많은 양을 먹곤 했다. 이것이 영상의 절대적인 후킹 포인트가 됐다. 하지만 흐름이 달라져 소식좌에 대한 니즈도 상당하다. 엄청나게 적은 양을 먹는 연예인들이 나와 먹방을 하는가 하면, 적지만 맛있게 먹는 사람들의 먹방이 인기를 끌고 있다.

갓생기획에서 이런 트렌드를 캐치해 상품화한 것이 '쁘띠 컵밥'이다. 이전까지는 편의점에서도 크고 가성비 좋은 음식이 절대적이었다. '쁘띠컵밥'은 파격적으로 이런 흐름을 깨고 나온 상품이다. 크고 양이 많다가 아니라, 무무씨가 작디 작은 컵밥을 든 채 이 정도로 먹어도 충분하다고 말한다. 이전 용량은 너무 크다고 느꼈던 소식좌들에게 정말 매력적인 상품이었다. 그리고 출시되자마자 5만 개가 팔릴 정도로 큰 인기를 끌었다. 이후 두 종류의 다른 맛도 출시해 대박이 났다. 하나를 먹더라도, 크고 푸짐한 상품이 절대적이었던 편의점에 새로운 변화를 이끌어낸 것이다.

물론 인기를 끈 가장 큰 이유 중 하나는 빠르게 적용한 소식좌 트렌드라고 생각한다. 하지만 또 다른 이유로는 핀 타깃팅된 니즈를 충족했다는 것이다. 일단 양이 적은 편의점 소식좌 고객의 입맛을 타깃팅했고, 일부 소식좌보다는 양이 많은 중中식좌들 중 다양한 음식을 맛보고 싶은 고객의 입맛도 사로잡은 것이다. 예를 들어, 밥과 라면을 함께 먹고 싶은 중식좌들은 생각보다 선택의 여지가 없다. 그래서 주로 밥이나 라면을 포기하거나, 둘 다 먹고 싶은 경우에는 작은 컵라면을 택한다. 하지만 생각보다 작은 컵라면의 종류가 매장에 따라 다양하지 않을 수 있다. '쁘띠컵밥'이 이럴 때 빛을 발하는 것이다. 즉, 소식좌라는 트렌드도 있지만, 동시에 꼭꼭 숨어 있는 고객의 니즈까지 빈틈없이 충족시킨 것이다.

이처럼 갓생기획은 상품을 기획할 때 트렌드뿐만 아니라, 트렌드 사이사이에 숨어 있는 고객의 니즈까지 빈틈없이 충족하기 위해 노력한다.

다음은 갓생템이다. 갓생기획은 네이밍처럼 열심히 사는 일상 외에 '이 또한 갓생'에 맞는 최선의 일상까지도 이야기하고 있다. 그래서 '갓생'을 살 수 있게 돕는 도구, 예를 들어 노트, 볼펜과 같은 문구류부터 운동 기구, 공부할 때 먹는 당 충전용 간식까지도 지속적으로 관심 있게 보고 있다. 사람들이 갓생을 살기 위해 노력하는 모든 도구에 살포시 스며드는 것이 목표다. 물론 트렌드에 부합하는 상품과 갓생템 이 두 갈래에 모두 속하는 경우도 있다. 갓생 자체가 트렌드의 한 줄기에서 나온 것이기에 갓생템 자체가 트렌드가 되는 것이다. 그중 우리가 주목하고 있는 것이 '헬시 플레저'다. 헬시 플레저는 건강을 즐겁게 지속적으로 관리한다는 뜻으로 갓생이라는 트렌드에 완연히 부합하는 키워드다. 하지만 헬시 플레저, 뭔가 딱딱하고 지루한 느낌을 지울 수 없다. 갓생기획이

길에서 먹는 과일과 채소, 갓생청과

그래왔던 것처럼 좀 더 재미있고 가볍게 풀어낼 수 없을지 고민하다가 나온 것이 '갓생청과'다.

갓생청과의 생각의 꼬리는 헬시 플레저에서 시작됐다. 제로 음료, 단백질 가공식품처럼 다양한 상품들이 출시되고 있지만, 사실은 과일과 채소 그 자체를 먹는 게 제일 좋은 거 아닐까? 그런데 과일과 채소는 생각보다 챙겨 먹기 까다롭다. '조금 더 재미있게 과일과 채소를 먹으면 좋지 않을까? 갓생 기획스럽게!' 하다가 생각난 것이 길거리의 붕어빵이었다(마스크 의무 착용이 해제된 2022년 첫 겨울, 그 어떤 겨울보다 붕어빵이 인기였다). 붕어빵의 묘미는 역시 길에서 먹는 건데, 그렇다면 과일과 채소도 이런 포인트를 담아보는 건 어떨까? 하는 엉뚱한 생각에서 비롯됐다. 이른바, 스트릿 푸르츠 파이터Street Fruit Fighter, 혹은 스트릿 베지 파이터Street Veggie Fighter로, 길에서 먹는 과일과 채소인 셈이다. 타깃은 하루 종일 앉아 있느라 몸도 무거운데, 점심도 거하게 먹어서 더부룩한 직장인, 소문난 맛집에서 칼로리와 나트륨을 왕창 섭취하고 회개리카노(회개+아메리카노) 한 잔을 먹는 우리들이다. 길에서 회개리카노 한 잔보다는 좀 더 건강한 채소 한 컵, 과일 한 컵을 먹자는 것이다.

물론 컵과일이나 채소가 기존에 없는 신박한 상품은 아니다. 가벼운 식사 대용으로 나온 상품들을 각종 매장에서 볼 수 있다. 하지만 헬시 플레저라는 트렌드에 '길에서 먹는 과일과 채소'라는 먹는 재미를 한 겹 입혀 '갓생청과'라는 상품을 만들어낸 것이다. 이렇듯 갓생기획의 회의 테이블에서는 트렌드를 빠르게 잡아내거나, 갓생을 돕는 아이템을 개발하거나, 기존 상품에 색다른 재미를 입히는 등, 재미있고 유익한 수다들을 끊임없이 이어 나가 새로운 상품을 개발해 나가고 있다.

여전히 함께 커가는 갓생기획

지난 2년 동안 갓생기획은 많은 일을 시도했고, 도전하고 있다. 어떤 날은 아이디어를 쏟아내고, 어떤 날은 드라마 작가에 빙의해 세계관을 만들고, 또 어떤 날은 현장에 나가 짐을 옮기고, 공간을 꾸렸다. 게다가 지금 이 순간엔 갓생기획을 다시 한번 돌아보며 책까지 쓰고 있다. 이렇게 다양한 일을 하면서 우리는 스스로 어떤 집단인지 끊임없이 생각하고 있다.

생각의 꼬리를 물고 나온 많은 이야기에서 공통적인 키워드가 있었다. 바로 '공감'. 우리는 '공감하는 사람들'이다. 최선을 다해 일상을 살아내는 갓생이니, 힙한 브랜드와의 협업이니 하는 것은 결국 가장 핵심이 되는 공감을 이끌기 위해서다. 우선 각기 다른 팀에서 온 직원들과 이야기를 나누며 공감한다. 우리가 무엇을 좋아하는지, 요즘 서로 어떤 것에 관심이 있는지 묻고 공감한다. 이후 동시대 사람들과 공감을 시도한다. 요즘 우리와 동시대를 살고 있는 사람들은 어떤 걸 좋아하고, 흥미를 느끼는지 지속적으로 물음표를 던진다. 그 과정에서 나오는 산물이 아이디어가 되고, 상품이 되고, 세계관이 된다.

갓생기획에는 특이한 '대외용' 조항이 있다. '만 40세가 되는 멤버는 졸업할 수 있는 선택권이 생긴다.' 갓생기획 시즌 2를 시작하면서 새로 생긴 조항이다(초반에는 6개월 프로젝트로 시작했으니, 나이 제한 규칙은 필요가 없었다). 영원히 MZ세대일 수는 없기에, 누군가는 졸업을 하고, 또 누군가는 입학을 하는 시스템이다. 물론 졸업은 개인의 선택이라 졸업한 직원도, 남아 있는 직원도 있다. 그러나 이것은 그야말로 '대외용 조항'이다. 중요한 것은 여기에 깔려 있는 의미다. 대외적으로는 MZ세대가 30대 정도까지라서 나이 제한을 두었지만, 핵심은 나이가 아닌 공감대다. 갓생기획 멤버라면 누구든지 나이를 불문하고 공감대와 수용성을 가져야 하기 때문이다. 즉, 물리적 나이가 아니라 마음의 나이를 언제나 체크해봐야 한다는 뜻이다.

언젠가 나이가 든다는 것, 특히 마음의 나이가 든다는 것에 대해 이야기한 적이 있다. 동시에 사회와 회사가 MZ세대에게 바라는 인간상은 무엇일지 이야기를 나누었다. 한 TV프로그램에서 MZ세대 대표 여성 래퍼는 'MZ세대는 어른들이 만든 알파벳 계보에 불과하다'는 이야기를 해서 화제가 됐다. 그럼에도 불구하고 갓생기획뿐만 아니라 여전히 많은 기업에서 MZ세대들을 모아 프로젝트를 수행하는 게 일종의 유행처럼 퍼지고 있다. 그렇다면 이런 프로젝트에 필요한 역량이 절대적인 나이 외에 어떤 게 있을지 우리 스스로도 궁금했다.

많은 이야기를 나눈 끝에 결론은, MZ세대는 일종의 마케팅 용어일 뿐이라는 것이다. 결국 진짜 MZ세대와 그렇지 않은 사람들의 차이는 '마음가짐'이다. 그런데 여기에 항상 나이라는 절대적인 숫자가 따라 붙는 이유는 일반적으로 나이와 변화에 대한 수용성은 반비례하기 때문이다. 나이가 들어갈수록 우리는 우리의 생각이 뚜렷해진다. 다시 말하면, 우리만의 생각 즉, 주관이 단단해진다. 그래서 나와 다른 사람들을 이해하는 수용도 점차 떨어지게 된다. 새로운 변화를 만나면 의심하고, 심지어 뜯어 고치고 싶어 하기까지 한다. 내가 이만큼 살아봤더니, 결국 내 생각이 맞다면서. 그런 사람을 '꼰대'라고 부른다. 이미 자신만의 주관이 딱딱하게 박혀서 남을 이해하려 하지 않는 사람들.

갓생기획의 나이 제한도 비슷한 맥락이다. 만 40세는 MZ세대가 아니라서 졸업한다가 아니라, 나이가 들어갈수록 그럴 가능성이 더 높아지니, 마치 건강검진처럼 변화에 대한 수용성을 스스로 더 자주 점검해 봐야 한다는 것이다.

물론 우리는 알고 있다. 나이와 변화에 대한 수용도는 '반비례할 가능성이 높아진다' 정도의 경향성뿐이라는 것을. 소위 말하는 MZ세대라도 변화에 대한 수용도가 현저히 낮은 경우도 있다(젊은 꼰대라는 말이 있는 것처럼!). 예를 들면, 어떤 유행을 마주하고, "요즘 저런 거 왜 해?"라는 MZ세대도 많다. 반면, 나이가 많아도 심지어 만 40세가 훌쩍 넘어도, "요즘 저런게 인기야? 나도 한 번 해볼까?" 하는 사람들도 여전히 많다. 나이는 정말 숫자에 불과한 것이다.

갓생기획에 필요한 역량도 마찬가지다. 단순히 '물리적으로 젊다'가 아니라, '생각이 젊고 말랑한 사람', 처음 경험하는 음식을 흔쾌히 맛보고, 요즘 유행이라는 알 수 없는 게임을 시도해보고, 모르는 유행을 마주하면 유쾌한 물음표를 던질 줄 아는 사람. 갓생기획에는 이런 사람들이 모여 있다. 칼로 썬 듯 정확한 연령의 MZ세대가 모여서 이야기하는 집단이 아니라, 변화를 즐기는 사람들이 모여 요즘 유행하는 모든 것들을 시도해보는 말랑한 사람들. 그리고 트렌드에 공감하며 자신의 생각을 더할 줄 아는 사람. 이런 소중한 인재 하나하나가 갓생기획을 만드는 것이다.

갓생기획 시즌 1과 시즌 2에서는 서로 다른 다양한 시도를 했다. 유행템을 상품에 적용하는 방법을 연구하고, 힙한 브랜드와 협업을 하며, 팝업 스토어 오픈과 캐릭터 개발도 했다.

뿐만 아니라 갓생 사는 청년 디자이너/소상공인을 지원하는 공익 활동도 진행했다. 이처럼 그간 다양한 활동을 경험해, 앞으로 더 다방면으로 활동할 수 있을 것이다.

　앞으로 우리의 중요한 목표는 타깃의 확장과 적극적인 소통이다. 지난 2년 동안 우리는 우리의 이야기를 했다. 마케팅 용어에 불과하지만, 어찌 됐든 우리가 MZ세대이기에 MZ세대의 이야기를 하는 것은 모든 측면에서 수월했다. 방구석 트렌드세터가 일부 가능했던 이유도 인스타그램과 유튜브를 열면 MZ세대 이야기로 가득했기 때문이다. 알고리즘이 우리 자신으로 맞춰져 있어서, 유행을 타고 오면 아이디어의 단초가 여기저기 샘솟았다.

　하지만 이제는 좀 더 아래로 타깃을 넓혀 보려고 한다. GS25의 일반적인 타깃은 3040세대였다. 타깃은 위로 올라갈수록 쉽다. 그들의 니즈는 앞서 말한 '변화를 받아들이는 경향성'의 이유로 잘 변하지 않으니까. 그래서 기존에 찾던 것을 찾고 원한다. 새로운 것보다는 기존의 것이 조금 더 개선되는 편을 선호한다. 그러니 이전에는 우리가 잘하고 있는 것을 더 잘하면 됐다. 기존 상품을 더 맛있고, 더 편리하게 개발하면 됐다. 이것은 GS25가 여전히 가장 선두에 서서 잘하고 있는 분야다. 이 활동은 지속적으로 진행하면서, 새로운 타깃을 1차적으로 넓혀 간 것이 '갓생기획'이다. 우리 MZ세대들이 우리의 이야기를 하고, 우리가 좋아하는 상품을 직접 만드는 브랜드. 새로운 것을 빠르게 경험하고, 시도하기를 좋아하는 MZ세대 맞춤 브랜드인 셈이다.

그다음 단계로는 소위 말해, 알파세대(2010년 이후 출생자)다. 그들은 아직 주요 소비 계층은 아니지만 그 어떤 세대보다 잠재력이 큰 고객이다. 게다가 자극에 익숙한 환경에서 나고 자라, 그 어떤 세대보다 새로운 경험을 끊임없이 원한다. 즉, 우리는 잠재 고객인 알파세대의 이야기에 귀 기울여, 그들의 이야기를 대신 들려주고, 그들이 좋아하는 상품을 만드는 브랜드가 되고자 한다.

하지만 20대가 20대의 이야기를 하는 것보다 40대가 20대의 이야기를 하는 것이 어려운 건 당연하다. 마찬가지로 갓생기획이 MZ세대를 이야기하는 것보다 알파세대를 이야기하는 것이 더 어려울 것이다. 그러나 우리는 갓생기획으로 트렌드 공감대 형성하는 법과 변화에 대한 수용성을 높이는 방법을 배웠기에, 다양한 세대를 포용하는 방법을 더 잘 알고 있다. 이런 우리만의 유연함으로 우리의 타깃을 좀 더 넓고 촘촘하게 확장하려 한다.

타깃을 확장한 이후에는 적극적인 소통에 더 힘쓰려 한다.

시즌 1에는 갓생기획이 무엇인지에 대해 상품과 콘텐츠로 보여주었다. 시즌 2에는 세계관을 정교화하면서, 우리의 이야기를 했다. 이제는 다양한 고객과 함께 갓생기획을 만들어나가려 한다. 이전에는 우리가 좋아하고 원하는 것과 고객의 생각을 간접적인 경험을 통해 맞춰 나갔다. 온라인에서 그들의 목소리를 듣거나, 시장 조사를 통해 고객을 살폈다. 이제는 고객의 목소리를 직접 듣고 적용해 볼 차례다. 고객이 편의점에서 만나는 상품에 고객의 손길이 직접 닿을 수 있도록 쌍방향 참여 콘텐츠를 구상하고 있다. 갓생기획의 회의 테이블에 고객도 함께하는 그림을 그리고 있는 것이다. 그것이 같이 만들어나가는 진정한 갓생기획 아닐까.

갓생기획도 직장인 사춘기인 3년 차에 접어들었다. 김네넵이 그랬던 것처럼, 이제는 모든 적응이 끝나 어떤 날엔 파이어족을 꿈꾸고, 어떤 날엔 슬며시 이직 사이트도 들락날락거려 보며, 온갖 새로운 것에 기웃거리기 시작하는 3년 차. 때문에 이 모든 시도가 '갓생기획' 내에서만 진행되는 게 아니다. 갓생기획이 작디 작은 프로젝트에서 시작했지만, 어느새 정말로 회사 속 회사로 우뚝 커지고, 입학과 졸업을 반복하는 것처럼, 우리는 언제든지 우리의 유연함을 살려 다양한 모습으로 변모할 것이다. 갓생기획을 하다가도 어느 날은 '무무씨' 그 자체로 나타날 수도 있고, 또 색다른 활동의 갓생기획으로 활동할 수도 있다. 조금씩 쌓은 노하우를 바탕으로 다양한 모습을 시도해볼 것이다. 갓생기획이 중심이 되어 어디서든 최선을 다하겠다는 마음과 변화에 적응하는 말랑한 마음만 있다면, 그 모습이 어떻든 갓생기획인 셈이다. 갓생기획이 어디서 어떻게 활동하는지보다는 갓생기획의 마인드를 가진 사람들이 얼마나 있고, 그들이 어떻게 활동하는지가 가장 중요하다고 생각한다. 모두 한마음으로 그런 마음가짐을 키우기 위해 노력한 시간이었다.

그렇다면 다양한 타깃을 촘촘하고 넓게 공략하려는 갓생기획의 최종 목표는 뭘까. 이제 대한민국 편의점 점포가 5만 개가 훌쩍 넘는다. 이전에는 필요한 상품을 빠르고 간편하게 사기 위해 편의점에 갔다. 하지만 지금은 많은 사람들이 편의점에 어떤 새로운 상품이 있는지 보러 간다. 노티드, 슈퍼말차, 원소주와 같은 핫한 브랜드 협업 상품부터 팝잇진주캔디, 무무씨 인형 같은 장난감을 사러 간다. 심지어 편의점에서 팝업스토어도 열리는 세상이다. 특정 지역에서만 구매할 수 있던 상품들이 전국 편의점으로 퍼져 나가고, 이전에는 편의점에서 경험하지 못했던 소소한 재미를 편의점에서도 느낄 수 있다. 단순히 간편함 외에도 다양한 목적성이 생긴 것이다.

그래서 우리의 최종 목표는 다음과 같다.

1. 편의점에 오는 목적성을 다양화해서 편의점만의 놀이 문화를 만드는 것.
2. 편리한 구매 공간을 넘어 재미있는 공간으로 거듭나는 것.

그렇게 만들기 위해 오늘도 우리는 많이 보고, 찾아가고, 경험하고 있다. 언젠가는 갓생의 인기가 사그라들고, 또 언젠가는 정반대의 욜로YOLO스러운 무언가가 다시 돌아온다고 하더라도, 적어도 우리만은 갓생기획 마인드를 가지고 변화의 흐름에 부지런히 올라타보려 한다. 재미있는 우리 편의점을 위해서!

갓생기획을 하면서 도움이 됐던 것들 중 하나는 말랑한 생각이었고, 어려웠던 점 중 하나는 말랑한 생각을 이끌어내는 것이다. 이런 생각 뭉치들이 올라오게 하려면 어느 정도의 생각 훈련이 필요하다. 어느 날 내 눈앞에 닥친 문제를, 업무들을 뚫고 나가기 위한 비책 리스트를 공유한다. 이런 생각 훈련이 모이고 모여 능력치가 되고, '기획력'이 된다. 하지만 이건 심화편이니, 우선 많이 보고, 먹고, 즐기기만 해도 일단 절반은 성공한 것!

말랑한 생각 유지하는 나만의 인사이트 찾기 : 심화편

1.좋은 인풋이 좋은 아웃풋을 만든다

: 많이 보고 경험하고 즐기자. 이보다 쉽고 중요한 것은 없다. 인풋 없는 아웃풋은 공허할 뿐이다. 카테고리에 한계를 두지 말고, 요즘 유

행하는 것, 맛있다는 것, 재밌다는 것들을 보고, 맛보고 찍어두자.

2. 마음에 밟히는 게 있다면 '왜 이렇게 했을까' 생각해 보기

: 마음에 들면 드는 대로, 안 들면 왜 안 드는지 생각해 보자. 마음에 드는 이유와 안 드는 이유를 생각하다 보면, 내 취향이 나오고, 그 취향에 탄탄한 논리가 생기게 된다. 인사이트가 별 것이 아니다. 좋으면 왜 좋은지, 안 좋다면 왜 안 좋은지 한 번 더 생각해 보는 작은 WHY가 인사이트가 되는 것이다.

3. 마음에 드는 인사이트를 무조건 쌓기보다 레퍼런스를 생각해 보기

: 인사이트를 쌓는 습관을 조금씩 익혔다면 이것의 레퍼런스는 뭐였을지, 그리고 이것은 어떤 레퍼런스가 될 수 있을지 생각해 보자. 쉽게 생각해 맛있는 로제 떡볶이를 먹으면서, '로제 파스타에서 이런 영감을 얻었구나!'를 생각하고, '여기에 마라 소스 약간 곁들이면 더 맛있겠는데?' 하는 생각을 한 번 더 가볍게 하는 것이다.

4. 나만의 인사이트 알고리즘 만들기

: 일반적인 부류가 아니라 나만의 부류를 구체적으로 정리해야 쉽게 꺼내 쓸 수 있다. 재미있는 밈, 패러디 이렇게 저장해두는 게 아니라, '일하기 싫을 때 친구에게 보내기 좋은 밈' 이런 식으로 기억에 넣어

두는 것이다. 하나하나 일하듯이 정리하는 게 아니라, SNS를 할 때 한 번씩 나만의 알고리즘을 중얼거리고 저장해보자.

5. 생각의 끝을 내보는 습관 기르기

: 생각의 처음과 끝을 완성하는 습관을 기르는 게 중요하다. 뭐든지 끝까지 결론을 내는 게 어려우니까. 어설프더라도 일단 끝까지 뭐라도 해보자. 괜찮은 상품 아이디어나 음식 꿀조합, 뭐든 좋다. 레시피도 생각해 보고, 이왕이면 네이밍도 한 번 해보자. '끝까지 해 본' 경험이 쌓이면 쌓일수록 능력치가 자란다.

6. 이해할 수 없는 유행이더라도 한 번쯤 관심 가져보기

: 아예 모르는 것과 해봤더니 난 별로더라는 완전히 다른 것이다. 갓생기획 멤버들조차도 "아, 난 진짜 이게 왜 인기인지 도무지 모르겠어" 하는 이야기부터 하고 시작할 때가 많다. 유행을 좇느냐가 중요한 게 아니라 '관심' 그 자체가 중요한 것이다.

7. '아니다'라고 말하기 전에 한 번 더 생각해 보기

: 비난은 쉽다. 하지만 생각하는 힘은 하루아침에 길러지지 않는다. 한 번만 더 생각하면 비난할 일도 반으로 줄어든다. 생각하는 근육을 키우자. 하다 못해 '저 사람은 도대체 왜 저럴까. 뭐 때문에 그런 걸

까' 하는 생각도 좋다. 하면 할수록 말랑하고 넓어지는 것이 생각 창고다.

8. 대안을 내는 사람이 되어 보기

: 뭐든 어려움이 있다. 반대하기보다 상황을 뚫는 대안을 내는 습관을 조금씩 길러보자. 그곳에 답이 있다. 아무리 생각해도 대안이 안 나온다? 그러면 다른 방향으로 가면 된다. 다만 대안을 직접 내보지 않고 가는 것과 바로 다른 방향으로 트는 것은 다르다.

9. 관심사를 늘리고, 디깅해보되, 창문은 열어 두기

: 요즘 세상에서 관심사를 여러 개로 늘리는 것, 디깅하는 것 모두 좋다. 무언가를 좋아하는 능력은 강해서 피가 되고 살이 된다. 하지만 뭘 하든 세상과의 창문은 열어 둬야 한다. 세상에서 무슨 일이 일어나는지 궁금해하는 사람이 돼야 매몰되지 않는다.

10. 말랑한 라떼는 날개를 달 수 있다!

: 라떼 경험은 지금의 경험을 극대화할 하나의 날개이자 능력치가 될 수 있다. '경험치'라는 건 절대 무시할 수 없다. 하지만 오늘 내일이 다른 세상에서, 그 능력치 하나로 살아남을 수는 없다. 라떼의 경험은 효율적으로 활용하되, 항상 배우려는 말랑한 자세를 잃지 말자.

에필로그

부단히도 '갓생' 살았던 나날이었다. 2021년 대한민국을 떠들썩하게 만든 MZ세대를 '공부'하다가, 이러지 말고 우리가 좋아하는 걸 우리가 한 번 제안해보는 게 어떨까 하는 말 한 마디로 시작했던 작고 소중한 프로젝트, 갓생기획. 작은 프로젝트가 시즌 2가 되고, 수많은 협업 제안을 받는 브랜드가 되고, 어느새 미래를 생각하는 브랜드로 거듭났다.

어떤 날에는 수다를 떨다가, 어떤 날에는 성수동의 등대가 됐고, 또 어떤 날에는 외국인들에게 우리의 무무씨를 힘껏 설명했다. 이름 따라간다고, 몇 명이서 이야기한 게 눈덩이처럼 불어나 이토록 갓생 살게 될 줄은 몰랐다. 심지어 그저 카피라이터였던 내가 주말에 조금씩 시간을 내어 무려 책까지 써 내려가게 됐으니 갓생 그 자체인 셈이다.

갓생기획으로 많은 인터뷰를 하면서, 매번 받았던 질문이 있다. "MZ세대가 생각하는 MZ세대란 뭘까요?" 몇 번은 임기응변으로 답하다가, 어느 날 스스로에게도 같은 질문을 해보았다. 진지하게 MZ세대가 뭐길래 이렇게 대한민국뿐만 아니라, 전 세계가 집중하는 걸까. 게다가 많은 이들이 MZ세대에 대한 피로도를 호소하는 데다가, 이 세대는 사원과 부장급을 아우를 정도로 나이 차이도 많이 나는데 말이다(실제로 MZ세대는 자신이 MZ세대인지 모른다는 이야기가 만연하다). 그래도 모두가 집중하는 데에는 이유가 있지 않을까.

고민 끝에 이들은 공통적으로 '자신을 표현하는 것을 좋아한다'는 특징을 발견했다. MBTI로 자신을 표현하고, 자신의 선호가 알고리즘에 의해 보여지는 것을 경험한 세대다. 그래서 이들은 끊임없이 자신을 표현한다. 이 표현들이 많은 곳에 노출되고 쌓여 하나의 트렌드가 된다. 이렇게 만들어진 트렌드가 전 세계로 퍼지는 것이다. 그래서 우리도 우리가 좋아하는 것을 표현하기로 했다. 그야말로 MZ스럽게. 내가 좋아하는 것을 표현하고, 친구들이 좋아하는 것을 다루고, 동시대사람들의 이야기를 했다. 그렇게 우리의 이야기를 하며 갓생기획을 키워 나갔는데 감사하게도 많은 분들이 공감하며 우리의 상품과 세계관을 좋아해주셨다.

갓생기획을 하면서 배운 점이 있다. '낯선 것을 흔쾌히 받아들이는 말랑한 마음'. 이 마인드만 있다면 적어도 '꼰대'가 되지 않겠다는 자신감이 생겼다. 나이가 들고 경력이 쌓여도, 낯설고 새로운 것을 배척하지 않고, '한 번 배워볼까' 하는 호기심. 하다 못해 '왜 유행인지 궁금한 걸' 하는 마음가짐만 있다면 누구든 갓생기획의 열정적인, 김네넵이 될 수 있지 않을까.

MZ세대에서 Z세대로, Z세대에서 이제 알파세대까지 온다고 한다. 예전에는 그들을 마주하는 게 조금 두려웠다. '나도 이렇게 나이 들어 가는 구나' 하는 생각에 울적했다. 하지만 이제는 기대가 된다. '내가 모르는 새로운 걸 듣고, 보고 경험할 수 있겠구나', '나의 경험치가 하나 더 쌓이는구나' 하는 갓생기획 마인드로 단련됐으니까. 오늘도 이 마인드를 간직한 채 하루하루 열심히 '갓생' 살아가보려 한다.

2023년 초여름, 갓생을 꿈꾸는
또 하나의 김네넵 드림

감사의 말

갓생기획이 출판이라는 새로운 도전을 할 수 있도록 문을 계속 두드려 주신 RHK 정효진 팀장님께 감사의 인사를 드립니다. 기나긴 호흡의 글을 써 내려가면서 갓생기획 3년 차 김네넵의 싱숭생숭한 마음을 다잡는 계기가 되었습니다. 아울러, 갓생기획이라는 담대한 제안을 전폭적으로 믿고 맡겨 주신 든든한 후원자 GS리테일 허연수 부회장님과 오진석 부사장님, 갓생기획이 GS25의 재기 발랄한 브랜드로 거듭나게 지원해주신 정재형 편의점 사업부장님과 지원부문장님, MD부문장님들께 모두 감사드립니다. 무엇보다도 현업으로 바쁜 와중에도 갓생기획이라는 프로젝트에 즐겁게 뛰어든 모든 갓생기획 멤버들과 아낌없이 성원해주신 팀장님들, 그리고 영업 현장의 모든 OFC분들에게도 깊은 감사의 말씀드립니다.

이 또한
갓생

1판 1쇄 인쇄 2023년 6월 21일
1판 1쇄 발행 2023년 6월 28일

지은이 GS리테일 갓생기획

발행인 양원석 **편집장** 정효진
디자인 김유진, 김미선 **영업마케팅** 양정길, 윤송, 김지현, 정다은, 박윤하

펴낸 곳 ㈜알에이치코리아
주소 서울시 금천구 가산디지털2로 53, 20층 (가산동, 한라시그마밸리)
편집문의 02-6443-8847 **도서문의** 02-6443-8800
홈페이지 http://rhk.co.kr
등록 2004년 1월 15일 제2-3726호

ISBN 978-89-255-7630-5 (03320)